# Ich bin, was ich bin, ein Jude

## Jüdische Kinder in Deutschland erzählen

Herausgegeben von
Alexa Brum, Rachel Heuberger,
Manfred Levy, Noemi Staszewski
und Dodi Volkersen

Mit einem Vorwort
von
Ignatz Bubis



Kiepenheuer & Witsch

Erste Auflage 1995


Umschlaggestaltung: Manfred Schulz, Köln
Umschlagmotiv: I. Jeger, Frankfurt
Redaktion: Andreas Graf, Köln
Gesetzt aus der Berthold Garamont Amsterdam
bei Kalle Giese Grafik, Overath
Druck und Bindearbeiten: Clausen & Bossen, Leck
3-462-02430-2

*Über das Buch*

Im Frühjahr 1993 führte das Pädagogische Zentrum der *Zentralwohlfahrtsstelle der Juden in Deutschland* unter jüdischen Kindern und Jugendlichen in Deutschland einen Aufsatzwettbewerb durch. Die Aufgabenstellung war einfach: »Schreibt über euer Leben als Juden, über das, was euch freut, aufregt, euch traurig oder angst macht . . . schreibt, wie ihr feiert, lernt . . .«

Die Resonanz war erstaunlich, über hundertfünfzig Kinder schickten ihre Beiträge, die in ihrer Gesamtheit das faszinierende Bild einer unbekannten Welt in Deutschland ergeben. Da sind junge Juden, die vor kurzem aus Rußland nach Deutschland kamen, andere, die aus Israel stammen und für ein paar Jahre hier leben, und solche, die in Deutschland geboren wurden. Auf ganz unterschiedliche Weise erzählen sie über ihr Leben in diesem Land, berichten über ihre Arbeit in der Schule und über ihre Träume von der Zukunft.

Ein einmaliges Dokument und ein spannendes, farbiges Lesebuch.

*Die Herausgeber/innen*

Alexa Brum, geboren 1948, seit 1992 Leiterin der I. E. Lichtigfeld-Schule in Frankfurt.

Rachel Heuberger, seit 1991 Fachreferentin der Judaika- und Hebraika-Sammlung an der Stadt- und Universitätsbibliothek Frankfurt/M.

Manfred Levy, geboren 1954, seit 1985 Lehrer an der I. E. Lichtigfeld-Schule in Frankfurt, Leiter der Förderstufe und Konrektor, Autor für verschiedene Schulbuchverlage.

Noemi Staszewski, geboren 1954, seit 1991 Leiterin des Bereichs Schulen des Pädagogischen Zentrums der Zentralwohlfahrtsstelle der Juden in Deutschland e. V. (ZWST).

Dodi Volkersen, geboren 1943, seit 14 Jahren Tätigkeit im Schulbuchverlag, seit Frühjahr 1995 im Jugendsachbuchbereich.

# Vorwort

Es ist wohl das erste Mal, daß in der Bundesrepublik Deutschland eine Sammlung mit Texten jüdischer Kinder und Jugendlicher herausgegeben wird, die sich mit ihrem Leben in Deutschland, ihrem Leben mit ihren nichtjüdischen Nachbarn, ihrer jüdischen Identität auseinandergesetzt haben. Daß diese Sammlung möglich wurde, ist der Initiative des Pädagogischen Zentrums der Zentralwohlfahrtsstelle der Juden in Deutschland zu verdanken, das Anfang 1993 einen Schreibwettbewerb in den jüdischen Schulen und Jugendzentren sowie der jüdischen Allgemeinen Wochenzeitung ausschrieb. Die große Resonanz auf diese Ausschreibung ist erfreulich, denn sie zeigt uns, daß es in diesem Land wieder eine lebendige jüdische Gemeinschaft gibt, in der Menschen aufwachsen, die bereit sind mitzumachen, Stellung zu nehmen zu dem, was um sie herum geschieht. Sie zeigt uns auch, daß man Kinder nur zu motivieren braucht, um ihre kreativen Fähigkeiten freizusetzen.
Dieses Buch ist ein buntes Gemisch von Kinderstimmen, die nicht nur deshalb so vielfältig ausfallen, weil die Kinder sich entsprechend ihrem Alter zwischen 6 und 18 natürlich mehr oder weniger differenziert mit ihrem Leben als Juden in Deutschland beschäftigen. Die Vielfalt entspricht auch dem Spektrum von Lebensgeschichten der in Deutschland lebenden Juden, die entweder in dieses Land eingewandert sind oder zum Teil bereits in der zweiten Generation hier geboren wurden. Diese Kinder halten uns einen Spiegel vor, in dem wir sehen können, wieweit es uns gelungen ist, jüdisches Leben, jüdische Kultur (er)lebbar zu machen in einem Land, in dem

gerade dies endgültig vernichtet werden sollte. Wir sollten ihre Texte aufmerksam lesen. Sie erzählen uns in ihren Geschichten, wie selbstverständlich und sicher sie sich als Juden definieren. Sie zeigen uns aber auch, wie leicht diese Sicherheit immer noch erschüttert werden kann, wie schnell Ängste und Unsicherheiten auftauchen, wenn im Deutschland wie in den Jahren 1992/93 Berichte über Gewalttaten gegen Fremde, Mord- und Brandanschläge oder Schändungen jüdischer Friedhöfe bzw. Gedenkstätten zu den fast täglichen Nachrichten gehören.

Die hier vorliegenden Texte sind eine Chance, etwas über jüdisches Leben in Deutschland zu erfahren, und zwar aus der Sicht jüdischer Kinder und Jugendlicher, die zum Teil unbekümmert, zum Teil nachdenklich über ihr Leben in einer nichtjüdischen Umgebung reflektieren. Sie bieten die Chance, in eine für viele noch unbekannte Welt hineinzublicken, die mitten in Deutschland existiert und doch kaum wahrgenommen wird. Dieses Buch birgt auch die Aufforderung zur Toleranz in sich, einmal hinzuschauen und das Fremde nicht als etwas Bedrohliches auszugrenzen, sondern als Bereicherung einer Kultur zu sehen, die in ihrer Geschichte durch vielfältige Einflüsse geprägt wurde.

*Ignatz Bubis, Januar 1995*

# Einleitung

Als das Pädagogische Zentrum der Zentralwohlfahrtsstelle der Juden in Deutschland (ZWST) im Frühjahr 1993 einen Schreibwettbewerb ausschrieb, dachte niemand von uns daran, die eingehenden Texte in einem Buch zu veröffentlichen. Wir hatten etwas ganz anderes im Sinn. Ein Jahr zuvor hatten wir uns zu einer Schulbuchkommission zusammengefunden mit dem Ziel, das erste Mal nach dem Holocaust wieder ein Lesebuch für die jüdischen Grundschulen zu konzipieren. Den Schreibwettbewerb initiierten wir in der Hoffnung, über diesen Weg vielleicht unbekannte Talente zu entdecken, die schöne Geschichten über jüdisches Leben in Deutschland schreiben können. Außerdem wollten wir herausfinden, was jüdische Kinder und Jugendliche über ihren Alltag in Deutschland denken, welche Bedeutung das Judentum für sie hat und womit sie sich beschäftigen. »Schreibt über Euer Leben als Juden, über das, was Euch freut, aufregt, Euch traurig oder angst macht . . . Schreibt, wie Ihr lebt, wie Ihr feiert, lernt, über Freundschaften, Familie oder was Euch sonst beschäftigt«, hieß es in unserer Anzeige.

Die Resonanz auf den Schreibwettbewerb war erstaunlich. Wir erhielten über 150 Zuschriften von Kindern, Jugendlichen und Erwachsenen. Der Entschluß, aus den Texten der Kinder ein Buch zu machen, wurde vor allem von dem Verlagslektor Helge Malchow gefördert. Er überzeugte uns davon, daß sich hier eine einmalige Chance bietet, der Öffentlichkeit einen Einblick in die Erfahrungen jüdischer Kinder und Jugendlicher mit ihrer Umgebung in Deutschland und ihrem Verhältnis zu

dieser zu geben. Ein weiterer Faktor dabei war die öffentliche Reaktion auf den Schreibwettbewerb, vor allem in den Medien. Uns fiel auf, daß trotz langer Gespräche über Hintergründe und Umstände der unterschiedlichen Lebenssituationen der jungen Teilnehmer/innen das Hauptinteresse der Medienvertreter darin bestand, über die Angstreaktionen der Kinder zu berichten, die sich aus den zunehmenden rechtsradikalen und fremdenfeindlichen Aktivitäten der letzten Jahre ergeben.
Natürlich taucht das Thema Angst - vor Neonazis, vor dem Verlust der Freunde, davor, sich als Jude zu erkennen zu geben - immer wieder in den Texten der Kinder und Jugendlichen auf. Das ist kein Wunder, denn als wir im März 1993 den Schreibwettbewerb starteten, waren Städtenamen wie Hoyerswerda, Rostock, Solingen und Mölln bereits zu trauriger Berühmtheit gelangt und zu Synonymen für die Schandtaten des wiedererwachten braunen Mobs geworden, der mit nationalistischen, fremdenfeindlichen und antisemitischen Parolen Menschen und Häuser anzündete und damit in großen Teilen der jüdischen Bevölkerung in Deutschland kaum vernarbte Wunden aufbrechen ließ und längst überstanden geglaubte Ängste wachrief. Fragen nach der Sicherheit und der Lebensperspektive, nach eventuellen Auswanderungsmöglichkeiten oder zumindest dem Kauf einer Wohnung irgendwo im entfernteren Ausland wurden immer wieder von den Erwachsenen diskutiert; sie waren Ausdruck einer Verunsicherung über die Tragfähigkeit der deutschen Demokratie, deren Auswirkungen natürlich auch an den Kindern nicht vorübergingen. Wen wundert es also, wenn Kinder beim Nachdenken über ihr Dasein als Juden in Deutschland eben auch diese Verunsicherung reflektierten. Es ist Bestandteil ihrer und unserer Existenz

in diesem Land und wird es auf absehbare Zeit wohl auch bleiben.
Und dennoch: Wer die Texte der Kinder und Jugendlichen liest wird feststellen, daß die Angst für sie bei der Frage nach jüdischer Identität in Deutschland nicht identitätsstiftend ist – trotz der Begleitumstände, unter denen sie zu Feder (oder Tastatur) und Papier griffen. Zum Glück! Sie schreiben mit Stolz, wie gerne sie mit dem Großvater am Schabbat in die Synagoge gehen, oder wie es ihnen gefällt, in der Schule die jüdischen Feiertage vorzubereiten. Sie beschreiben ihre Trauer, beim Verlassen eines Landes Freunde oder die geliebte Katze zurücklassen zu müssen. Sie finden es toll, auf dem Spielplatz mit einer Freundin oder einem Freund Hebräisch sprechen zu können und damit über eine Art Geheimsprache zu verfügen. Sie beschweren sich aber auch darüber, daß man in der Schule von ihnen verlangt, Worte zu lesen, deren Bedeutung sie nicht verstehen oder erklären frei heraus, daß ihnen das ganze Getue um Feiertage und Religion, jüdische Speisegesetze und Judesein (oder nicht sein) ziemlich egal und die Suche nach Unterschieden einfach blöd ist, weil sich sowieso alle Menschen voneinander unterscheiden. »Ich bin, was ich bin, ein Jude, und wenn mich jemand fragt, welche Rasse ich bin, hab ich schon ein bißchen Angst zu antworten, aber ich antworte!!! Du bist, was du bist!!!«
Wir wollen mit den in diesem Buch veröffentlichten Texten zeigen, daß jüdische Kinder und Jugendliche eine sehr unterschiedliche Art haben, sich mit ihrem Jüdischsein zu identifizieren. Juden definieren sich nicht primär über die Ablehnung und Ausgrenzung durch andere – auch wenn dies im Lauf der Geschichte immer wieder den Anschein hatte –, sondern

durch ihre spezifische Kultur und Religion, die je nach ihrer Umgebung und ihrer religiösen Verwurzelung unterschiedlich ist. Genau dies läßt sich im vorliegenden Buch ansatzweise nachvollziehen.

Die jungen Autoren und Autorinnen waren zum Zeitpunkt des Schreibwettbewerbs zwischen 7 und 18 Jahren alt und sind von sehr verschiedener Herkunft. Ein großer Teil ist ganz oder überwiegend in Deutschland aufgewachsen und spricht genauso gut Deutsch wie die gleichaltrigen Nachbarn. Viele haben die deutsche Staatsangehörigkeit. Ein anderer Teil ist in den letzten zwei Jahren überwiegend aus den Ländern der ehemaligen Sowjetunion nach Deutschland eingewandert. Ihr Verhältnis zur deutschen Umgebung ist viel stärker von ihren Erfahrungen als Ausländer und ihren oft katastrophalen Wohnverhältnissen geprägt. Die wenigsten von ihnen kennen in ihren Familien eine lebendige jüdische Tradition, dafür aber die Erfahrung, daß die Kennzeichnung als Jude in ihrem meist russischen Paß häufig zu Diskriminierungen im Arbeits- und Schulalltag führte. Ein weiterer Teil der Kinder ist in Israel aufgewachsen, spricht zu Hause meist Hebräisch und lebt hier in der Gewißheit, daß der Aufenthalt in Deutschland nur begrenzt ist, weil ihre Eltern für zwei, drei oder vier Jahre in dieses Land geschickt wurden, um hier für eine israelische oder jüdische Institution zu arbeiten. Damit decken die hier abgedruckten Darstellungen jüdischen Lebens in Deutschland aus Kindersicht ein sehr weites Spektrum ab.

Wir haben dieser Erkenntnis Rechnung getragen, indem wir eine entsprechende Zuordnung der Texte vorgenommen haben. In den Kapiteln »In Deutschland aufgewachsen«, »Ich wollte lieber in Israel bleiben« und »Aus Rußland emigriert«

kommen Kinder zu Wort, die überwiegend in Deutschland, Israel oder der ehemaligen Sowjetunion geboren sind. Dabei haben einige Kinder ihre Erfahrungen in eine literarische Form gebracht: Sie haben gedichtet, Märchen und fiktive Briefe verfaßt. Das vierte Kapitel besteht aus der Wiedergabe zweier Schulprojekte, die den Umgang jüdischer Kinder mit der Vergangenheit beleuchten. Jedes Kapitel wird von einem kurzen Text eingeleitet, in dem noch einmal genauer auf die spezifischen Lebensbedingungen der Kinder eingegangen wird. An den Texten der Kinder und Jugendlichen haben wir bis auf orthographische Korrekturen nichts verändert, um ihre Authentizität nicht zu gefährden.

Daß es überhaupt möglich war, einen solchen Schreibwettbewerb zu organisieren und damit die Voraussetzungen für dieses Buch zu schaffen, verdanken wir wesentlich Herrn Ignatz Bubis, der durch großzügige finanzielle Unterstützung - sowohl des kurz vor der Vollendung stehenden Lesebuches als auch des Wettbewerbs - mittels der von ihm ins Leben gerufenen Jehoshua und Hanna Bubis-Stiftung die materielle Grundlage hierfür schuf. Wir möchten ihm an dieser Stelle ganz herzlich dafür danken und hoffen, daß diese Textsammlung ein wenig zum Verständnis der Menschen in diesem Land beiträgt.

Frankfurt, im Oktober 1994 Noemi Staszewski

# A U F G E P A S S T !

# S C H R E I B W E T T B E W E R B

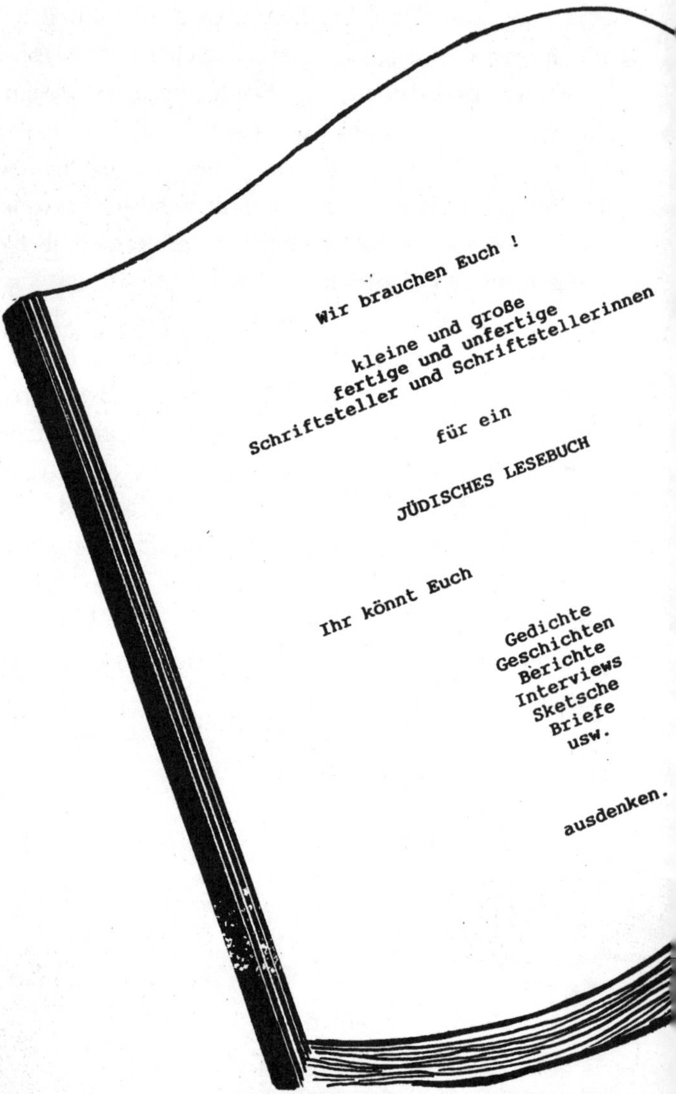

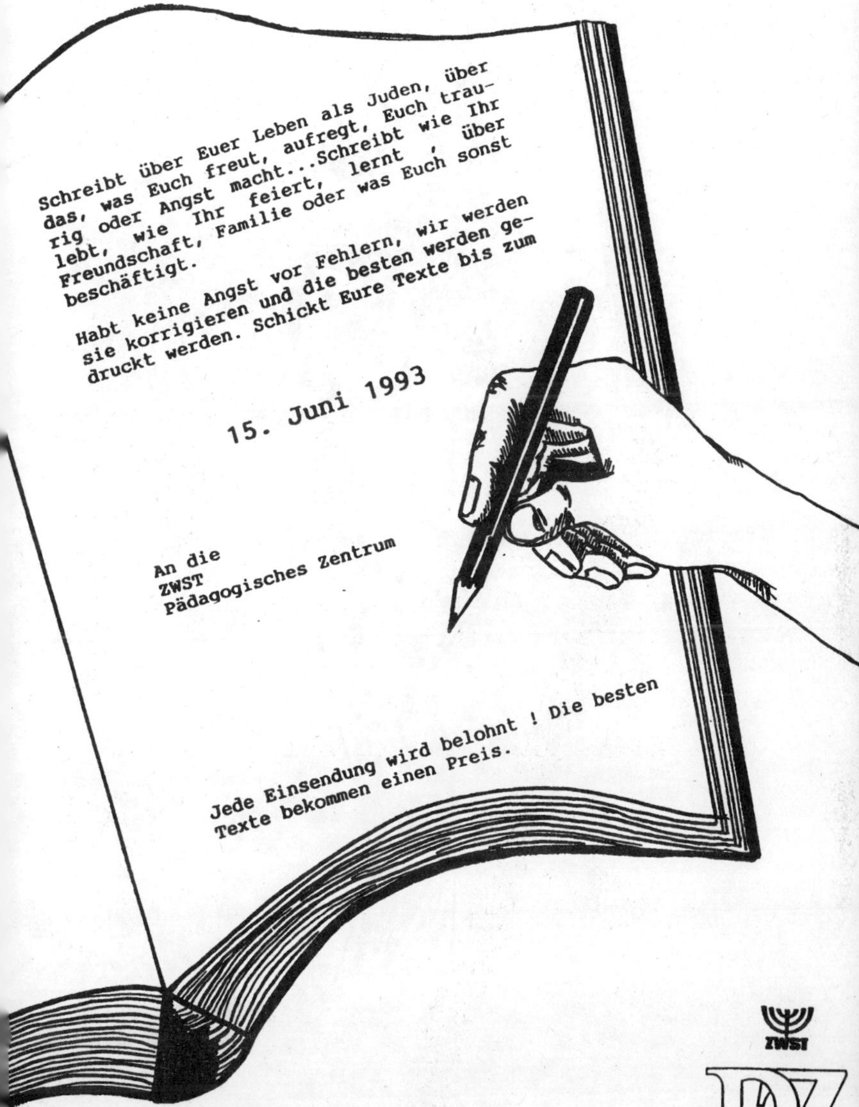
Schreibt über Euer Leben als Juden, über
das, was Euch freut, aufregt, Euch trau-
rig oder Angst macht...Schreibt wie Ihr
lebt, wie Ihr feiert, lernt , über
Freundschaft, Familie oder was Euch sonst
beschäftigt.
Habt keine Angst vor Fehlern, wir werden
sie korrigieren und die besten werden ge-
druckt werden. Schickt Eure Texte bis zum
15. Juni 1993
An die
ZWST
Pädagogisches Zentrum
Jede Einsendung wird belohnt ! Die besten
Texte bekommen einen Preis.

ZWST

PZ

# I In Deutschland aufgewachsen

In diesem Kapitel kommen Kinder zu Wort, die überwiegend in Deutschland aufgewachsen sind. Viele von ihnen haben Eltern, die nicht hier geboren wurden und deren Muttersprache nicht Deutsch ist. Deshalb ist der Anteil jüdischer Kinder, die zwei- oder dreisprachig aufwachsen, verhältnismäßig groß. Es handelt sich um Kinder, die in einer der fünf Großstädte leben, in denen es eine große jüdische Gemeinde mit Kindergarten und/oder Schule gibt (München, Stuttgart, Frankfurt/M., Düsseldorf, Berlin) oder solche, die in Kleinstädten mit kleinen oder nicht vorhandenen jüdischen Gemeinden aufwachsen. Ihr Verhältnis zum Judentum und ihrer jüdischen Identität ist auf Grund ihrer Erfahrungen unterschiedlich stark ausgeprägt, vor allem wenn sie – wie die meisten – aus nicht besonders religiösen Familien stammen.

Um die Unterschiede vor allem im Selbstbewußtsein der Kinder verstehen zu können, muß man sich – neben den divergierenden Prägungen innerhalb der Familien, auf die hier nicht näher eingegangen werden kann –, die unterschiedlichen Erfahrungen jüdischen Lebens in Deutschland vor Augen führen. Kinder aus großen Gemeinden wachsen oft vom Kindergartenalter bis zum Ende der Grundschule oder länger innerhalb jüdischer Erziehungsinstitutionen auf und leben damit zum größten Teil in einem sozialen Umfeld, in dem die Mehrheit Juden sind und wo das Vorbereiten und Feiern jüdischer Feiertage zu den Selbstverständlichkeiten gehört. Die Erfahrung des Andersseins machen sie häufig erst mit 12 oder 13 Jahren, wenn sie in die weiterführenden allgemeinen Schulen

kommen und dort zum ersten Mal merken, daß sie zu einer Minderheit von Kindern gehören, die beispielsweise nicht am schulischen Religionsunterricht teilnehmen oder sich an jüdischen Feiertagen vom Unterricht befreien lassen müssen, während die Mitschüler ganz normal in die Schule gehen.
Für Kinder aus den kleineren Städten und Gemeinden ist letzteres der Normalzustand. Sie erleben bereits im Kindergarten, daß dort Lieder gesungen und Feiertage vorbereitet werden, die ihnen fremd sind und die ihre Familien auch nicht feiern wollen. Andererseits finden sie die Tradition, die sie von zu Hause kennen, in Kindergarten und Schule nicht wieder. Sie erleben von Anfang an, daß sie irgendwie anders sind als die anderen Kinder ihrer Umgebung, obwohl sie im selben Land aufwachsen und die gleiche Sprache sprechen. Daß Jude sein eine Selbstverständlichkeit sein kann, erleben diese Kinder in Deutschland häufig erst, wenn sie wiederum mit 10, 12 oder 13 Jahren an den jüdischen Ferienlagern teilnehmen, dort oft zum erstenmal mit sechzig oder mehr jüdischen Kindern zusammen essen, spielen, lernen und sich niemand darüber wundert, daß Hebräisch oder andere Sprachen gesprochen werden, einige Jungs mit Käppchen rumlaufen und manche Mädchen nur lange Röcke anziehen.
Gerade die Kinder, die in Deutschland aufwachsen oder sogar hier geboren wurden, nehmen innerhalb der Gesellschaft häufig eine ganz besondere Stellung ein. Sie sprechen Deutsch genauso gut – oder schlecht – wie ihre Nachbarn, lieben die gleiche Musik und schwärmen für dieselben Idole wie ihre deutschen Mitschüler/innen. Gleichzeitig können sie sich mit den Ängsten und Problemen ausländischer Kinder und Jugendlicher hier gut identifizieren oder sie zumindest nachvoll-

ziehen, weil sie oft ähnliche Erfahrungen gemacht haben. Unabhängig davon, ob sie die deutsche Staatsangehörigkeit haben, fühlen sich viele von ihnen weder als richtige Deutsche noch als richtige Ausländer. Sie sitzen zwischen den Stühlen und verfügen deshalb auch häufig über eine besondere Sensibilität, Diskriminierungen andersartiger oder andersdenkender Menschen zu spüren und nachzuempfinden. Dadurch erklärt sich auch, warum sich so viele Kinder mit der Bedrohlichkeit des wiedererwachten rassistischen Terrors beschäftigen. Es ist eben nicht die sogenannte Ausländerfeindlichkeit - das Wort suggeriert ja schon für jeden Deutschsprechenden das Nichtgemeint-sein -, die hier die Kinder betroffen macht. Es ist vielmehr der Haß und die Feindschaft allem Fremden und Andersartigen gegenüber, und die Kinder haben gespürt, daß damit auch sie gemeint sein können - auch wenn es nicht unbedingt ausgesprochen wird. Diese Sensibilität der Kinder ist eine Chance für unsere Gesellschaft, sich selbst einmal aus einem anderen Blickwinkel heraus zu betrachten und innezuhalten im Umgang mit den alltäglichen Klischees von Normalität und Anderssein.

14.6.93

# G"tt der Welt

Die Chanukkah Kerzen flimmern
gegenüber dem Weinachtslicht.

Die Mazzot liegen auf dem Pessachtisch.
Im Nebenhaus hängen die Ostereier.

Die Purimkostüme werden vorbereitet
kurz nach der Faschingsfeier.

Die Omerzeit wird täglich gezählt
bis zum Schlußtag von Pfingsten.

Das Gebet für den Schabbatausgang wird gesagt
kurz vor der Sontagsruhe.

Und wenn ich zur Synagoge gehe
klingeln die Kirchenglocken.

Haben sie einen anderen G"tt ?

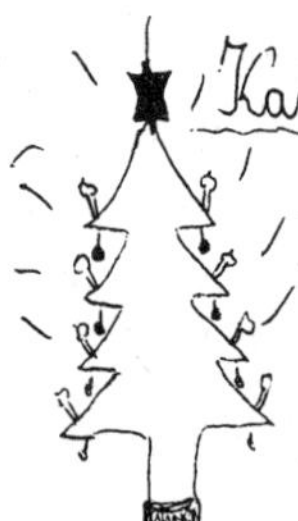

Karin
Levi

10 Jahre

## Ein Brief an Kathrin

Hallo Kathrin!

Du hast mich vor ein paar Tagen gefragt, ob wir Juden auch Weihnachten feiern. Ich habe Dir geantwortet, daß wir bald Chanukka haben. Gern hätte ich Dich zu unserer Chanukka-Feier eingeladen. Aber jetzt, wo Du im Krankenhaus liegst, kann ich Dir nur schreiben.

In den nächsten Tagen beginnt für uns Juden Chanukka. Wir erinnern uns daran, wie die Griechen vor gut zweitausend Jahren unsere Vorfahren dazu zwingen wollten, an Zeus und die anderen Götter Griechenlands zu glauben. Damals herrschten die Griechen in Israel. Die griechischen Soldaten verachteten die Juden und die jüdische Religion. Sie führten unreine Tiere in den heiligen Tempel und schlachteten sie dort. Du weißt doch, Kathrin, daß wir Juden nur bestimmte Tiere essen. Durch die Griechen wurde unser Tempel unrein.

Sie verwüsteten alles und vergossen das Öl für die große Menora. Das ist der siebenarmige Leuchter, der früher im Tempel stand.

Viele Juden fürchteten sich vor den Griechen. Nur der alte Mattitjahu mit seinen fünf Söhnen wehrte sich. Jehuda, einer seiner Söhne, der den Beinamen »Makkabi« trägt, wurde Anführer einer jüdischen Armee. Am 25. Kislew des Jahres 164 vor der Zeitrechnung, das war im Dezember, besiegte Jehuda die Griechen. Er vertrieb die fremden Soldaten aus dem Tempel von Jerusalem.

Eine seiner ersten Tätigkeiten war, den Tempel wieder aufräumen und reinigen zu lassen. Diese Reinigung heißt Chanukka.

Beim Aufräumen fand Jehuda Makkabi den großen Tempelleuchter. Doch die Griechen hatten das ganze Olivenöl, das im Leuchter verbrannt wird, bis auf ein kleines Krüglein verschüttet. Jehuda Makkabi befahl, das Öl des einzigen unversehrten Krugs in den Leuchter zu geben und anzuzünden. Da geschah das Wunder: Das Öl reichte nicht nur wie erwartet für einen Tag, sondern für acht Tage. Danach war wieder reines Öl beschafft worden. Wegen dieses Wunders feiern wir Juden auch acht Tage lang Chanukka. Jeden Abend zünden wir ein weiteres Licht an, bis dann schließlich alle acht Lichter brennen.

Bei uns zu Hause gibt es dann Latkes. Das sind Kartoffelplätzchen, die man in Öl knusprig braun bäckt. Auch dieses Öl erinnert uns an Chanukka. Und wir Kinder bekommen auch etwas geschenkt.

Liebe Kathrin, ich habe auch für Dich ein Chanukka-Geschenk. Ich werde es Dir am besten ins Krankenhaus bringen. Bestimmt bist Du nächstes Jahr im Dezember gesund, damit Du mit uns Chanukka feiern kannst.

Alles Gute,

Deine *Deborah Dinah*
*11 Jahre*

Meine Jüdische Geschichte über mich

Ich bin Jüdin, und ich halte mich an die jüdischen Regeln. Ich liebe jüdische Feiertage, zum Beispiel:

Chanukka und Pessach. Schwein esse ich nie. Milchig und fleischig esse ich nicht zusammen. Ich bin gerne Jüdin. Samstags gehe ich meistens mit meinem Opa in die Synagoge. Jedes Jahr an Pessach fahre ich nach Israel.

*Sandy, 3. Klasse*

Ich gehe in die Synagoge. Als ich klein war, da war ich oft in Israel. Und dann bin ich zu meinem Cousin und zu meiner Cousine gegangen. Ich mag Purim, weil man sich verkleiden darf. Manchmal feiern wir Schabbat. Wir essen milchig und fleischig nicht zusammen. Als ich und meine Freundin in Sobernheim waren, da haben wir jeden Morgen gebetet. Wir haben jeden Freitag Schabbat gefeiert.

*Jamie, 3. Klasse*

Ich heiße Mark und lerne an der Jüdischen Grundschule. Ich lebe in Berlin. Mein Vater ist Russe, und meine Mutter ist israelisch. Ich bin Jude und hab nix gegen Ausländer. Weil ich zum Teil selbst ein Ausländer bin. Wenn es ein Jüdisches Fest gibt, wird bei uns nicht gefeiert, denn es ist für meine Familie zu schwer, aber die Jüdischen Feste werden eigentlich schon alle in der Schule gefeiert. Wenn es bei uns zu Hause Fleisch gibt, ist es nicht koscher, denn ich halte auch nichts davon, ich finde, das ist nur für sehr religiöse Leute. Ich bin, was ich bin,

ein Jude, und wenn mich jemand fragt, welche Rasse ich bin, hab ich schon ein bißchen Angst zu antworten, aber ich antworte!!!
Du bist, was du bist!!!

*Mark, 5. Klasse*

## Mazzen fallen nicht vom Himmel

Immer dann, wenn Großvater gute Laune hatte, erzählte er lustige Geschichten. Die Großmutter schimpfte und sagte: »Wo hast du das alles nur her?« Großvater lachte dann, blinzelte mit einem Auge und erklärte: »Das sind Mazzen, die vom Himmel fallen. Ich heb' sie nur auf.«
Als ich nach Deutschland kam und in den Religionsunterricht ging, lernte ich dort eines Tages, daß wir Juden ein Fest haben, an dem wir Mazzen essen. Ich wagte nicht zu fragen, ob man denn Geschichten wie Brot in den Mund nehmen und herunterschlucken kann.
Eines Tages sagte der Vorbeter der Gemeinde, bei dem ich mit meiner Familie wohne: »Die Mazzen können abgeholt werden.« Tatsächlich standen in dem Büro große Kartons. Was mochten diese merkwürdigen Mazzen bloß sein? »Aber fallen die Mazzen denn nicht vom Himmel?« wollte ich wissen, »so, wie es mir mein Großvater in Rußland erzählt hat?« Alle lachten, und ich schämte mich. Der Vorbeter aber sagte: »Weißt du was, Scheindel, am Sonntag fahren wir alle in eine jüdische Stadt. Dort kannst du dir deine Mazzen selber backen.«

Zusammen mit Deborah Dinah, meiner liebsten Freundin, und Benjamin Baruch, Deborahs kleinem Bruder – das sind die Kinder des Vorbeters – fuhren wir nach Antwerpen in Belgien. In einem jüdischen Fischgeschäft sah der Verkäufer genau so aus wie mein Großvater. Da mußte ich etwas weinen.
Dann gingen wir in ein jüdisches Haus. Im Keller war ein großer Schulraum mit langen Tischen. Ganz viele Kinder aus Holland, Frankreich und Belgien warteten dort schon. Die Jungen hatten alle ein Käppchen wie der Benjamin auf dem Kopf. Ein Mann mit Hut und Bart in einem langen schwarzen Mantel begrüßte uns. Das war der Rebbe.
Jedes Kind mußte sich die Hände waschen und erhielt eine Schürze und eine Kappe aus Papier. Deborah und ich durften mit noch ein paar großen Kindern an den Tisch vom Rebben. Dort mußten wir dann Mehl in eine große Schüssel geben und mit Wasser zu einem Teig mischen. »Schnell, schnell, schnell!«, rief der Rebbe, und die vielen Kinder feuerten uns richtig an. Als der Teig fertig war, erhielt jedes Kind eine Kugel aus Teig, etwa so groß wie eine Faust. Mit einem runden Holz mußten wir nun den Teig auf den langen Tischen zu einem Fladen ausrollen. Benjamin kostete von seinem Teig, aber es schmeckte ihm nicht besonders. Nun erhielt jedes Kind ein Rad aus Plastik, an dem einige Stacheln waren. Damit rollten wir kleine Löcher in den Teig.
In einer Ecke des Raumes war ein Ofen aus Ziegelsteinen aufgebaut. Alle Kinder mußten nun ihre Teigfladen auf das runde Holz legen und zu dem Ofen tragen. Dort stand ein Mann, der den Fladen mit einer Holzschaufel in den Ofen legte und braun backte. Manchmal wurde der Rand auch ein wenig schwarz, und es roch verbrannt.

Die gebackenen Fladen, die aus dem Ofen kamen, waren Mazzen. Ich hatte mir eine Mazze selber gebacken! Jedes Kind, selbst die kleinsten, hatten mitgeholfen und sich ihre Mazze selber hergestellt. Als wir fertig waren, kam der Rebbe zu uns. Er sang mit uns ein Lied und sprach genauso wie mein Großvater. Wir sangen: »Mir wellen Moschiach nu!« oder »We want Moschiach now!« Dabei tanzte der Rebbe mit uns. Es war alles sehr fröhlich. Auch unser Vorbeter sang jüdische Lieder, und der Rebbe freute sich.
Eine Woche später beim Seder-Abend im Haus unseres Vorbeters haben wir dann gelernt, warum wir Juden Mazzen essen. Jetzt weiß ich, daß die Mazzen nicht vom Himmel fallen. Aber wenn ich mich dabei an meinen Großvater erinnere, dann denke ich, daß der auch ein bißchen recht hat.

*Scheindel*
*14 Jahre*

Als Jude bin ich gut,
und hab dabei viel Mut,
das finde ich ganz toll,
und ich weiß, was ich machen soll,
ich habe einen Davidstern,
den trage ich immer gern.
Doch manchmal muß ich ihn verstecken,
weil einige die Hälse recken,
in Israel ist es schön,
im Schwimmbad brauch ich keinen Föhn.

Dort gibt es auch das tote Meer,
das salzige Wasser gefiel mir sehr,
in Deutschland ist es nicht so heiß,
im Winter sind die Straßen weiß,
drum mag ich Israel viel mehr,
dann waren die Bislis wieder leer,
in Deutschland sind die Ferien kurz,
in Israel sind sie mir ganz schnurz!

*Joram, 5. Klasse*

Hallo, ich heiße Dorit und bin elf Jahre alt. Ich gehe in ein deutsches Gymnasium, habe viele Freunde und eine gute Freundin. In der Schule merke ich manchmal schon, daß ich eine Jüdin bin. Ich nehme in der Schule nicht am Religionsunterricht teil. Zum Religionsunterricht fahre ich in eine andere Stadt, um mit einem anderen Mädchen Hebräisch und etwas von der Bibel zu lernen. Es macht mir dort sehr viel Spaß, etwas von meiner Religionslehrerin Edna zu lernen. Vom Aussehen her sehe ich so wie eine Jüdin aus. Ich habe noch zwei Brüder, namens Jonathan und René. Sie sind neun und sechs Jahre alt. Meine Mutter kommt aus Israel, mein Vater aus Berlin. Sie sind von zu Hause aus beide Juden. Wir kochen ganz normales Essen. Ich freue mich immer auf jüdische Feiertage und Feste. So wie jedes Jahr, fahre ich nach Sobernheim in ein jüdisches Ferienlager. Dort lerne ich Lieder, Theaterstücke und sonst noch alles, was mit Judentum zu tun hat. Ich bin schon jetzt darüber aufgeregt, wenn ich an meine Bat-Mizwa denke. Es macht mich sehr traurig, wenn ich z. B. von dem Brandanschlag in Solingen höre. Ich finde es überhaupt nicht gut, daß die Neonazis den Ausländern immer wieder etwas zuleide tun. Ich habe vor Kriegen Angst. Irgendwie begreife ich überhaupt nicht, daß es den Krieg in Jugoslawien gibt. Sie beschießen sich gegenseitig mit Waffen, nur weil die verschiedenen Völkergruppen nicht zusammenleben wollen. Viel besser wäre es, wenn man Frieden schließen würde. Ich frage mich oft, ob wir Juden noch lange mit unseren Nachbarn in Frieden leben können.

*Dorit, 11 Jahre*

## Ich

Ich heiße Hadar und wurde vor 14 Jahren in Israel geboren. Seit sieben Jahren leben ich und meine Familie in Frankfurt. Bis vor zwei Jahren war mir eigentlich nicht richtig bewußt, daß ich in einem Land lebe, wo vor 50 Jahren Tausende von Juden getötet wurden. Ich ging in eine jüdische Schule. Mit zwölf Jahren kam ich auf eine deutsche Schule. Dort kam ich in eine fremde Klasse mit fremden Mitschülern und Lehrern. Ich hatte vor dem ersten Tag sehr viel Angst, doch als ich bemerkte, daß mehr als die Hälfte der Klasse aus Ausländern bestand, half es mir, mich besser in der Klasse einzuleben. Nach dem ersten Jahr auf dem Gymnasium war ich schließlich so zufrieden, daß ich es bereute, daß meine Eltern mich nicht nach der vierten, sondern erst ab der siebten Klasse auf eine deutsche Schule schickten. So lernt man andere Religionen und Länder kennen. Man bessert auch manchmal seine Meinung über Deutsche.

Dann kam ich in die achte Klasse. Mitte 1992 begannen die immer öfter auftretenden Brandanschläge auf Asylbewerberheime. Viele haben demonstriert. Man hat immer öfter über Rechtsextremismus in der Schule geredet. Ausländer wurden befragt, wie sie sich in Deutschland fühlen. Und plötzlich wurden im Fernsehen Interviews mit oder Filme über Juden ausgestrahlt. Ich bemerkte, daß viele meiner Freunde mich fragten, ob ich wegen dieser Nazis nach Israel umziehen werde. Viele Familien überlegten, ob sie nach Israel ziehen sollen.

Ich verstand das alles irgendwie nicht. Ausländer sind doch nicht immer Juden, und Juden sind nicht immer Ausländer. Jeder kann doch daran glauben, woran er glauben will. Da können doch nicht ein paar Typen, in diesem Fall Nazis, auftauchen und einem verbieten, einen Glauben zu besitzen, den sie selbst mißachten. Manchmal glaube ich, daß es Leute gibt, die den Unterschied zwischen ein Ausländer zu sein und einen Glauben zu besitzen, gar nicht kennen.

Zu meiner Verwunderung habe ich bemerkt, daß auch manche Ausländer eine Art von Nazis sind. Zum Beispiel kenne ich ein Mädchen, das aus Iran kommt. Sie haßt Deutsche und die deutsche Sprache. Ich habe ihr schonend versucht beizubringen, daß es nicht stimmt, daß alle Deutschen Nazis sind, oder, daß Deutschland ein Naziland ist.

Ich habe ihr auch klargemacht, daß es ihr, wenn sie jetzt in Iran leben würde, nicht so gut gehen würde, wie hier.

Ich war erfreut, als ich merkte, daß ich sie zum Nachdenken brachte. Ich glaube, es ist das Gleiche, wenn manche Deutsche

gegen Iraner oder ob Iraner gegen Deutsche sind. Es ist das gleiche Prinzip!
Ich denke aber noch lange nicht daran, dieses Land jetzt einfach so zu verlassen. Ich sehe es zwar nicht als mein Heimatland, aber ich habe hier mein halbes Leben verbracht, und ich gebe jetzt nicht so schnell alles wieder auf.
Das hört sich vielleicht an, als ob ich erwachsen wäre. Das bin ich ja nicht ganz. Aber, das kann meine Familie und mein Freundeskreis bestätigen: Ich gebe nie schnell auf!

*Hadar, 14 Jahre*

## Der kleine Obstbaum in der Wüste

Es war einmal eine Wüste, öd und leer, ein richtiges Tohu. In ihr ritt Abu-Mussah, der Anführer einer Karawane und bemerkte plötzlich einen Menschen, der einen Orangenbaum in der Wüste pflanzte. Er traute seinen Augen nicht! Abu-Mussah guckte einmal, zweimal, glaubte an eine Fata Morgana. Nun kam der Mensch auch noch auf ihn zu. Abu-Mussah packte die Furcht, er glaubte an Geister. »Können Sie mir bitte Wasser geben?« fragte der Fremde mit Namen David. »Ich habe Wasser. Hier,« sagte Abu-Mussah und reichte David das Wasser. Der goß damit sein frischgepflanztes Bäumchen.
Im Februar, so um die Zeit von Tu-B'schwat, war aus dem Bäumchen ein wunderschöner Orangenbaum geworden. David kam, nach dem Bäumchen zu sehen. Er war ein richtiges Wunder, das blühende Orangenbäumchen mitten in der

Wüste! Nach einem Jahr war aus dem einsamen Baum eine Pflanzung geworden.
Auch Abu-Mussah kehrte zurück und hatte seine helle Freude an der kleinen Oase, die erholsamen Schatten spendete und deren süße Früchte den Durst löschten. Erst jetzt verstand er David, und sie wurden Freunde: Abu-Mussah, der das Wasser gab, und David, der pflanzte.

*Esther, 10 Jahre*

## Erster Schultag auf dem Gymnasium

Seitdem ich nicht mehr auf der Jüdischen Grundschule bin, fühle ich mich viel jüdischer.
Am ersten Tag in der neuen Schule wurden alle Kinder in den katholischen und evangelischen Religionsunterricht eingeteilt. Man mußte sich melden, was man ist. Die meisten waren evangelisch. Nur meine Freundin und ich meldeten uns nicht. Ein Mädchen sagte noch: »Was seid ihr denn?« Da es so laut war, und die Lehrerin streng, machte ich nur ein Zeichen, das soviel bedeuten sollte: »Wir sind nichts von beidem!«. Aber sie verstand es so, als seien wir gar nichts. In der Pause mußte ich sie »aufklären«. Die ganze Klasse wußte innerhalb von 10 Minuten, daß wir Juden sind. Wir kamen uns äußerst wichtig vor. Einen Jungen begeisterte das nicht. Angeblich hatte er nichts gegen Juden, aber gegen uns persönlich. Langsam bekamen wir Angst, weil wir dachten, daß er jeden Moment sagen würde: »Scheißjude!« Dies erzählten

wir einer Lehrerin, die sich angeboten hat, wenn wir ein Problem hätten, uns zu helfen. Sie meinte, daß alle Lehrer hinter uns stehen würden, wenn das eintrifft. Wir waren beruhigt. Anscheinend hat sie mit ihm geredet, und jetzt ist er in Ordnung. Ich bin stolz, Jüdin zu sein, auch wenn so etwas mal passieren kann.

*Esther, 10 Jahre*

Ich habe als Jude Angst.

Ich heiße David, bin elf Jahre alt und gehe in die Jüdische Grundschule. Man hat mich schon öfters in meiner Straße (auch außerhalb) gefragt, was ich bin, und ich habe immer wieder das gleiche geantwortet, nämlich daß ich ein Christ bin, das ist natürlich gelogen, aber ich habe Angst, daß wenn ich die Wahrheit sage, daß sie mich verhauen oder sonst irgendwas mit mir machen. In unserem Haus wissen eigentlich sowieso fast alle, daß ich ein Jude bin und sie behandeln mich eigentlich wie einen normalen Menschen, wie alle anderen auch. Das finde ich gut, weil ich *nicht* anders bin als andere Menschen, ich habe ja bloß nur eine andere Religion. Ansonsten habe ich auch gute christliche Freunde, die wissen natürlich, daß ich ein Jude bin und sie interessieren sich auch dafür, das finde ich toll, und es gab noch nie Streitereien, wo sie zu mir gesagt haben, daß ich ein »Scheißjude« sei und ich glaube auch nicht, daß alle Neonazis, die man im Fernsehen sieht, so schlimm sind. Die meisten werden ja leider auch von den

Eltern beeinflußt. Ich glaube, daß fast alle Deutschen gut sind und nicht so denken wie die Neonazis. Trotzdem habe ich Angst, warum, weiß ich selbst manchmal nicht.

*David, 5. Klasse*

## Mein Leben als Jude

Ich heiße Luba und bin 11 Jahre alt. Mein Leben als Jude ist ganz normal. Außer manchmal fragen mich meine Freunde, warum ich jeden Freitag schön angezogen weggehe. Ich antworte: »Es ist die Religion. Ihr geht doch in die Kirche und ich gehe in die Synagoge.« »Aber warum freitags?« fragen mich meine Freunde. Gott hat den Befehl gegeben. Wir Juden arbeiten die ganze Woche und Freitag darf man sich nicht anstrengen (arbeiten). Du gehst doch Freitag in die Schule. Ja, natürlich. Abends fängt der Schabbat an. Was ist Schabbat? Freitag abend, den Tag nennt man Schabbat. »Ach, das ist eine gute Religion«, meint meine Freundin. Als sie bei mir zu Hause waren, haben sie mein Hebräisch-Heft gesehen. »Was ist denn das für eine Schrift?« fragten sie. »Hebräisch.« »Gehst du in die Jüdische Schule?« »Ja«, sagte ich. Ich habe mir überlegt, ob sie noch meine Freunde sind. Ich hatte auf einmal Angst. Aber sie sind noch immer so nett zu mir wie früher. Die sind richtige Freunde, sie finden mich gut. Auch wenn ich eine Jüdin bin.

*Luba, 5. Klasse*

Hallo! Ich heiße Benni und gehe auf die Jüdische Schule. Ich bin Jude und fühle mich als deutscher Jude eigentlich o. k., weil ich blonde Haare habe und so nicht wie ein Ausländer aussehe. Aber wenn man abgefragt wird, wird's schwer. Ich antworte nur Leuten, die ich kenne oder die vom Fernsehen oder vom Radio oder von der Zeitung sind. Den anderen antworte ich: »Das geht Sie/Euch nichts an!« Aber meine Mutter fühlt sich bedroht, weil nicht weit von uns im Volkspark ist eine Wohnung, wo früher eine Flagge mit dem eisernen Kreuz war. Zum beruhigen hängt jetzt eine riesige Deutschlandflagge am Balkon, aber wir sind uns noch immer nicht ganz sicher.
Sonst noch viele Grüße,
Euer Benni

*Benni, 5. Klasse*

Ich heiße Marianna und bin 12 Jahre alt. Ich bin geboren in Rußland und habe dort zehn Jahre gelebt. Jetzt wohne ich in Berlin schon zwei Jahre und gehe in eine Jüdische Schule. Aber manchmal habe ich auch Angst das sagen. Als ich nach Deutschland kam, ging ich in eine normale deutsche Schule und konnte noch kein Deutsch, dann haben sie mich geärgert. Zum Beispiel so: Ich wollte Tafel waschen, dann kam zu mir ein türkisches Junge und sagte: »Gehe von die Tafel weg, du dumme Jüdin.« Dann habe ich das zu Klassenlehrer gesagt, und er hat garnicht zu diesem Junge gesagt. Ich bin froh, daß ich in eine Jüdische Schule gehe. In die Schule feiern alle Jüdische Feiertage. Ich schäme mich nicht vor Kindern sagen:

»Ich bin Jüdin!«, weil sie sind so genau wie ich. Ich bin froh, daß ich Jüdin bin, aber manchmal fühle ich mich als Ausländer.

*Marianna, 12 Jahre*

Ich bin Vivi, bin elf und gehe auf die Jüdische Schule. Unsere Schabbat-Feier ist immer sehr groß und schön. Wir feiern immer mit der ganzen Familie (13 Personen), und es gibt ein festliches Essen, bei uns oder meiner Tante.
Wir sind eigentlich nicht so fromm, doch feiern jeden Feiertag und gehen dann in die Synagoge.
Ich bin zwar auf der Jüdischen Schule in der 5b, doch ich kann fast gar kein Hebräisch. Wir sollen Wörter in der Vergangenheit sagen, doch ich weiß nicht mal, was die Wörter bedeuten. Eigentlich habe ich noch keine schlechten Erfahrungen gemacht und bin auch froh darüber.

*Vivi, 5. Klasse*

Die Quitsch-Banane & ihre Freunde

Es war einmal eine Banane, die wurde von einem sehr lieben Zauberer verzaubert. Der Zauberer Limpenstein dachte sich nämlich, es gibt so wenige Bananen auf der Welt und alle werden von uns Menschen aufgegessen. Also hat er eine Banane lebendig gemacht. Er nannte die Banane Quitsch.

Eines Tages jedoch dachte sich die Quitsch-Banane, ich bin die einzige lebendige Frucht auf der ganzen Welt. Sie sagte zu sich: »Ich werde jetzt hinausgehen und gucken, ob es noch andere lebendige Früchte gibt.« Mit dem Gedanken ging sie ganz vorsichtig aus ihrem Versteck heraus. Auf der Straße angelangt, guckt sie sich um, aber sie sieht nur Schuhe und Beine. Da kam ihr ein guter Gedanke: »Ich werde jetzt in eine Hosentasche schlüpfen.« Leider hatte Quitsch Pech, denn sie war in die Hosentasche von einem kleinen Mädchen namens Rifka geschlüpft, die gerade auf dem Weg ins Auto war, um nach Knokke, dem Kinderparadies in Belgien in den Urlaub zu fahren.
Quitsch war fast am Ersticken, nach zwei Stunden Autofahrt. Vater Efraim sagte zu seinen drei Kindern: »Alles aussteigen, wir machen Pause an der Raststätte.«
David, sein ältester Sohn, und seine Tochter Sarah, die Mittlere, fragten die Mutter Chanita, ob sie eine Fanta trinken dürften. Die Mutter antwortete: »Fragt euren Vater.« David und Sarah gingen zu ihrem Papa. Als sie gerade fragen wollten, sagte Papa zu ihnen: »Nein, ihr wißt doch ganz genau, daß wir hier nichts trinken, sondern nur schnell auf die Toilette gehen und gleich wieder weiterfahren werden.«
Quitsch hatte endlich bemerkt, daß sie bei einem kleinen Mädchen in die Hosentasche geschlüpft war und daß dieses Mädchen gerade in den Urlaub fahren wollte. Plötzlich hörte Quitsch wieder die Stimme des Vaters sagen: »Alle Mann wieder ins Auto einsteigen«, und auf einmal war wieder ganz stickige Luft. Der Motor ging wieder an und auch wieder die Hörspielkassette »TKKG, die Detektive«.
David und Sarah schliefen ein, aber Rifka sang so lange, bis sie mittendrin auch einschlief.

Da dachte sich Quitsch: »Das ist meine Chance, aus der Hosentasche herauszukommen«.
Quitsch zog sich am Faden entlang hoch. Als sie dann endlich aus der Hosentasche herausgekrochen war, sah Quitsch, daß sie sich auf der Autobahn befand.
Plötzlich hielt der Vater an einem Haus, auf dem stand »Park-Hotel-Knokke«. David und Sarah wachten zur selben Zeit auf und schrien: »Juhuu! Wir sind da! Und wir haben nur vier Stunden Fahrt gehabt!« Alle stiegen aus – auch Quitsch, die sich unter dem Sitz versteckt hatte. Quitsch sah den Strand und das Meer und ging gleich hin, denn Quitsch liebte das Meer und den Strand.
Am Strand sah Quitsch noch eine zweite Banane und ging natürlich gleich hin, um zu gucken, ob das auch eine lebendige Banane war. Doch leider falscher Alarm. Es war keine lebendige Banane.
Quitsch drehte sich um und sah noch eine Banane. Sie ging natürlich auch gleich zu dieser hin, in der Hoffnung, daß diese lebendig sei.
Quitsch erschrak, als sich die Banane umdrehte und selbst erschrak.
Quitsch fragte: »Bist du lebendig?« Die andere Banane sagte: »Ja, und du?« Quitsch antwortete: »Ich bin auch lebendig.« Quitsch fing an, so zu schreien: »Ja, ja, ich habe eine lebendige Frucht gefunden!« Danach fragte Quitsch die Banane gleich: »Wie heißt Du denn?« Die Banane antwortete: »Ich heiße Fiszel (Fischel)!« Natürlich fragte auch Fiszel: »Und wie heißt Du?« »Quitsch!« Fiszel wollte noch mehr von Quitsch wissen, z. B.: »Von wo kommst du?« »Aus Frankfurt am Main.« »Was . . .?«

Als dann alle Fragen beantwortet waren, fragte Fiszel, ob sie nicht zu ihm kommen möchte, er gäbe nämlich heute Abend eine Schabbatfeier für seine Familie. Quitsch sagte mit fröhlicher Stimme: »Ja, gerne!« Fiszel reagierte mit einem fröhlichen: »Gut, wo wohnst Du, damit ich Dich um 8.00 Uhr bei Dir zu Hause abholen kann?« Quitsch antwortete: »Es tut mir leid, ich bin nur durch Zufall hier, ich war auf der Suche nach lebendigen Früchten und habe mir gedacht, daß . . . und bin hier gelandet.« Fiszel: »Och, tut mir leid, das heißt, Du hast nirgendswo zu schlafen! Das habe ich doch richtig verstanden, oder?« »Ja, Du hast recht!« »Du kannst bei uns übernachten, bis wir was für Dich gefunden haben.« Quitsch: »Sehr vielen Dank!«
Am Abend, als alle Familienmitglieder versammelt waren, gingen sie alle zu Tisch. Fiszel stellte Quitsch vor. Es waren insgesamt zwölf Familienmitglieder, die heute Abend bei Fiszel eingeladen waren. Fiszel fing am Ende des Tisches an: »Schimon, Chana, Malka, Mira, Natali, Bezalel, Deborah, Abraham, Schlomo, Meuschele, Rebecca und David. Das ist Quitsch!« David fragte, warum Quitsch hier sei. Quitsch sagte: »Ich bin auch nur aus Zufall hier. Ich wohne eigentlich . . ., also bot Fiszel mir an, bei ihm zu übernachten, denn ich habe ja hier nichts zum Schlafen.« David: »Ist ja schon gut. Wir wollen nicht Deine ganze Lebensgeschichte hören.« Quitsch konnte das verstehen, daß er nicht mehr von ihr hören wollte, denn David war ein achtjähriger Junge.
Schimon fing an zu singen: »Schalom Alechem«, und alles wurde ruhig. Danach fing Natali an zu beten, und alle standen auf. Als dann jeder einen Schluck von dem Wein getrunken hatte und einen Biß von der Challe genommen hatte, fingen sie an zu essen.

Es fing an mit gefüllter Fisch, danach gab es Jouch mit Lokschen und als Hauptspeise gab es Hähnchen mit Kartoffeln. Quitsch war schon ratzeputze voll, als dann der Nachtisch kam, aber es sah so lecker aus, daß Quitsch noch ein bißchen davon aß. Quitsch hatte beobachtet, wie sich alle verhalten haben und fand, daß es eine sehr anständige Familie sein muß. Es wurde noch gebenscht, und dann gingen alle nach Hause. Fiszel und Quitsch räumten noch alles vom Tisch ab. Jetzt sah es wieder normal aus in der Wohnung. Fiszel machte im Gästezimmer das Bett, dann ging er zu Quitsch und fragte sie, ob sie im Gästezimmer schlafen möchte oder im Schlafzimmer bei ihm? Quitsch antwortete: »Ich schlafe im Gästezimmer!« »O. k. Ich habe dir schon das Bett gemacht.« »Danke!« Quitsch zog sich aus und ging ins Bett.
Als Quitsch schon im Bett lag, dachte sie: »Ich glaube, ich hab' mich verliebt!?« Vielleicht war es auch Zufall, daß Fiszel dasselbe dachte.
Am nächsten Morgen wachten beide zur gleichen Zeit auf. Nach zwei Jahren heirateten Quitsch und Fiszel. Beide lebten zufrieden und glücklich bis an ihr Lebensende.

*Mira, 4. Klasse*

## Juden

Juden sind Menschen wie du und ich.
Juden sollen frei sein wie du und ich.
Kein Krieg darf es werden,

Du sollst dein Leben nicht verderben.
Alle müssen sich gut versteh'n,
Alle müssen friedlich gehen.
Jeder soll sich erkennen,
Jeder soll mit dem anderen rennen.
Jeder soll friedlich leben
und etwas von sich geben.
Es muß jeder sehen
wie alle dieser Welt sich versteh'n.

*Diana, 5. Klasse*

Mein Name ist Diana, lebe in Berlin, aber deswegen verliere ich nicht meinen jüdischen Glauben. Jeden Freitag gehe ich in die Synagoge und treffe mich da mit meiner Bat-Mizwa-Lehrerin und der Bat-Mizwa-Gruppe. Ich gehe in die jüdische Grundschule und lerne da *plus* die normalen Fächer, wie in anderen Schulen, Hebräisch, Religion und Bibel. Wir feiern in dieser Schule jüdische Feste, die sehr schön sind. Wenn es ein Fest und schönes Wetter gibt, feiern wir auf dem Hof, dort tanzen und singen wir, das den meisten sehr viel Spaß macht. Ich habe Angst, wenn mich ein Fremder auf der Straße anspricht und nach meinem Glauben fragt, dann fange ich an, etwas zu zittern und sage, ich wäre Christin und weiche demjenigen schnell aus. Wenn ich einen Davidstern trage und auf einer Straße gehe, dann verstecke ich ihn unter meiner Kleidung, so daß es keiner sieht. Beunruhigt schauen meine Eltern und ich die Nachrichten über die Neonazis, die noch immer nicht aufgeben wollen. Meine Mutter, meine Großmutter, mein Großvater und mein Onkel lebten 5 Jahre in Israel und bereuen es, daß sie hier nach Deutschland umgezogen sind. Sie denken daran, nach Israel umzuziehen, wenn es hier schlimmer wird.

*Diana, 5. Klasse*

Hallo! Ich heiße Janiv.

Manchmal habe ich Angst, weil es in dieser Zeit Ausländerfeindlichkeit gibt. Aber ich bin stolz, Jude zu sein, weil wir verschiedene und schöne Feiertage haben. Ich bin in Österreich geboren, aber trotzdem bin ich Jude. Öfters habe ich Streit mit meinen Freunden, aber danach vertragen wir uns immer. Übrigens: Ich finde es eigentlich gut, daß Ausländer in Deutschland sind. In meiner Jüdischen Schule sind alle befreundet. Ich komme mit meinen Klassenkameraden gut aus. Ich habe in der anderen Schule auch viele Freunde. Manchmal bin ich traurig, weil meine verstorbene Oma mir mal gesagt hatte, daß ich immer nur Freunde haben soll und keine Feinde. Das war meine Geschichte über die freundlichen Juden. Ich freue mich immer, nach Israel zu fahren. Der beste Feiertag ist Purim, weil man gewinnen kann und sich verkleiden kann.

*Janiv, 5. Klasse*

Ich heiße Karin, bin 10 1/2 Jahre alt und wurde in Israel geboren. Seit 4 Jahren wohne ich in Berlin. Ich gehe in die Jüdische Grundschule, und es gefällt mir sehr gut. Zu Hause und in der Schule feiern wir schöne jüdische Feste und jeden Freitag Schabbat. Es gefällt mir, ein Jude zu sein, aber eigentlich ist es ganz normal, denn jede Religion hat etwas Schönes. Doch manchmal habe ich Angst, daß man weiß, daß ich Jüdin bin. Aber schon oft war es positiv, und meine Freundinnen hatten nichts dagegen, im Gegenteil, sie interessierten sich dafür und waren sehr nett. Wie z. B. in der Schweiz, dort hatte ich eine Freundin, und wir fuhren beide mit der Gondel zum Berg, um Ski zu laufen. In der Gondel habe ich ihr erzählt, daß ich Jüdin bin. Sie hat ganz positiv reagiert, sie wollte wissen, wie wir Feste feiern, sie wollte hören, wie ich Hebräisch rede, sie wollte wissen, ob es in Israel schön ist usw. Nachher lud sie mich zu ihrer Oma ein, die wußte, wie es in Israel aussieht, weil sie schon oft dort war. Sie war sehr interessiert und freundlich. So waren auch viele andere Freundinnen. Negativ hat nur ein Mädchen in vier Jahren reagiert, weil ihre Eltern keine Juden mochten. Aber darüber weiß ich nichts Genaues.

*Karin, 10 Jahre*

## Mandy's Story

Hi, ich heiße Mandy Klein. Ich bin 10 Jahre alt und habe noch zwei ältere Brüder, Max ist 17 und Mike ist 22. Manchmal sind die beiden ganz nett, aber sie können auch gemein sein. Mike

zum Beispiel, er hat letztes Jahr geheiratet. Er bekam inzwischen auch ein Kind. Es heißt Nadja. Seitdem nennt er mich nicht Mandy, sondern »Tante M«. Seine Frau, Sylvia, erwartet jetzt das zweite Kind. Dieses Mal wird es ein Junge, Benjamin soll er heißen, weil er der jüngste in der Familie ist. Den Namen Benjamin durfte ich mir aussuchen.
Wir leben auf einem Bauernhof, in dem wir Kühe, Schweine, Kaninchen, Pferde, Katzen, Hunde und Hühner halten. Meine Mutter arbeitet am freien Nachmittag als Nachhilfelehrerin für Deutsch. Mein Vater ist Reitlehrer. Wir haben 38 Pferde im Stall. Ich weiß nicht, was ich lieber täte als reiten. Ich habe selber ein Pferd, die Wella.
Na ja, wir hatten drei Wochen Ferien, jetzt sind sie vorbei. Wir haben eine neue Mitschülerin, Rachel Esther Rebecca S. Wir nennen sie Rachel. Den Namen habe ich noch nie gehört, klingt aber schön.
Rachel kommt aus Haifa, das liegt in Israel. Sie kann nur ein bißchen deutsch. Rachel spricht mit ihren Eltern Hebräisch. Rachels Familie hat uns zum nächsten Freitag eingeladen. Zum Schabbat. So etwas habe ich noch nie erlebt. Rachels Mutter stellte zwei Kerzen auf den Tisch, zwei Brote und bedeckte sie mit einem Tuch. Dann holte sie einen silbernen Becher und schenkte Wein ein. Rachel stand auf und zündete die Kerzen an. Dann bedeckte sie ihre Augen und fing an zu beten. Später stand David, Rachels kleiner Bruder, auf, nahm ein Messer in die Hand und betete, dann schnitt er etwas vom Brot ab und gab jedem ein Stück. Nun stand der Vater Abraham auf, nahm den silbernen Becher in die Hand und betete. Er trank einen Schluck und gab den Becher rum. Als wir wieder gehen wollten, bot mir Rachel an, bei ihr zu übernachten, doch meine

Eltern erlaubten es nicht. Rachel konnte gerne bei uns schlafen. Also kam sie mit zu uns. Rachel gefiel unser Bauernhof sehr, sie konnte gut mit Tieren umgehen. Als wir in die Betten gingen, sagte sie noch Gute Nacht, dann schliefen wir ein. Am nächsten Morgen gingen wir in die Schule. Frau Krause, unsere Deutschlehrerin, fragte Rachel, ob sie versuchen will, zu lesen. Rachel wollte es probieren, doch als sie Sommerschuhe in Größe 38 lesen mußte, las sie Sommersprossen in Größe 38. Die ganze Klasse lachte und Rachel weinte. Ich ging zu ihr und sagte ihr, wenn sie möchte, kann meine Mutter ihr Nachhilfeunterricht geben. Rachel bedankte sich und kam tatsächlich jeden Tag.

Als dann die Halbjahrzeugnisse ausgeteilt wurden, stand bei Rachel in Deutsch eine 2. Rachel war so froh, daß sie sich bei meiner Mutter am Telefon bedankte. Meine Mutter war natürlich auch froh, daß sie ihr helfen konnte.

Nach einiger Zeit waren Rachels Eltern mit meinen Eltern so gut befreundet, daß wir zusammen in die Ferien nach Israel fuhren. Der Flug dauerte 4 Stunden.

Hebräisch hört sich toll an, und gerade weil es mir so gut gefällt, wollte ich Hebräisch lernen.

In Israel angekommen, warten am Flughafen viele Leute. Rachel rennt auf ein ungefähr gleichaltriges Mädchen los. Sie sagt, daß dieses Mädchen Sharon heißt. Sharon kann gut Deutsch, denn sie lebte 6 Jahre in Berlin.

Wir fuhren heim. Israel ist wundervoll, so viele Palmen, wenn ich ehrlich bin, habe ich bisher Palmen nur auf Fotos gesehen. Oh nein! Man kommt im Auto so ins schwitzen, das hält ja kein Mensch aus.

Endlich sind wir zu Hause. Eine Villa. In Israel gibt es sehr viele

Hochhäuser, aber das Haus von Rachels Familie ist toll. Sie haben ein großes Zimmer, wo Rachel, David und ich schlafen können. Max ist auch mitgekommen. Er findet Israel auch toll. Morgen hat Rachel Geburtstag.
Nächsten Tag: Herzlichen Glückwunsch zum Geburtstag. Ich gab Rachel mein Geschenk, und sie schrie laut: »Hurra!« Sie ging schnell zu ihren Eltern und zeigte ihnen das Geschenk, eine Katze!
»Mandy und Rachel sind immer gute Freundinnen!« schrieb Rachel auf ein Buch, das sie mir schenkte.

*Sandra, 12 Jahre*

Früher hatte ich mich geschämt, jüdisch zu sein. Dies kam besonders vor, als ich noch in der Grundschule mit lauter Kindern zusammen war, die Christen waren. Diese wußten, daß ich Jüdin bin, aber über meinen Glauben hatten sie keine Ahnung. Besonders in den Zeiten vor christlichen Feiertagen kam ich mir etwas komisch vor, aber trotzdem wollte ich nicht Christ sein, und jetzt sage ich mir, wenn die Christen Weihnachten feiern, feiere ich sowieso Chanukka. Im Laufe der Jahre hat sich mein Gefühl Jüdin zu sein, sogar verändert, und ich bin stolz, daß ich diesen Glauben habe. Als ich dann ins Gymnasium kam, erzählte ich niemandem, daß ich Jüdin bin, weil ich die meisten meiner Mitschüler noch nicht kannte, aber jetzt ist es so, daß alle meine Freunde über meinen Glauben Bescheid wissen, und ich habe auch gar nichts dagegen. Trotzdem hatte ich schon mal Unannehmlichkeiten, Jüdin zu sein. Früher war ich im Handball, und da gab es zwischen zwei Gruppen einen großen Streit, über Meinungsverschiedenheit. Da sagte dann ein Mädchen meiner Gegengruppe: »Ach, laßt doch diese Gruppe sein, die sind doch alle mit einer *Jüdin* befreundet. Wenn es irgendwo Juden gibt, kommt es doch immer zum Streit!« Ein weiteres Beispiel war, als mich ein Junge fragte, ob ich überhaupt meinen Geburtstag feiere, ob ich abends ausgehen dürfte und ob ich überhaupt in Urlaub fahren würde. Meine Antwort war, daß ich doch genau wie er und alle anderen ein Mensch sei. Mir ist aufgefallen, daß alle Leute, die irgendwelche Vorurteile gegen Juden und das Judentum haben, entweder keine Ahnung über die Religion haben und/ oder keinen Juden kennen. Dies habe ich beispielsweise gemerkt, als ich mit einigen Freundinnen aus meiner Klasse einen etwas andersdenkenden Jungen, der nicht weiß, daß ich Jüdin bin, gefragt habe, ob er eine muslimische, jüdische oder eine Frau, die nicht Christin ist, heiraten würde. Seine Antwort war: »Nein, denn sie sind eine andere Völkergruppe als ich«.

Aber ich bin froh, meinen Glauben zu haben, ich würde auch gar nicht auf den Gedanken kommen, etwas anderes zu sein, und mir macht es auch Spaß, in die Gottesdienste von Feiertagen zu gehen. Ich muß ehrlich gestehen, daß ich an den Schabbatgottesdiensten kaum teilnehme, weil ich es aus zeitlichen und anderen Gründen nicht schaffe. Gerade zu den Gottesdiensten in Deutschland muß ich sagen, daß mir nicht gefällt, daß sie ausschließlich auf Hebräisch gehalten werden. In anderen Ländern, wie Frankreich und England, wird auch einiges in der offiziellen Sprache vorgelesen. Die meisten Menschen können nämlich kein Hebräisch, und deshalb gehen vor allem Kinder und Jugendliche nicht besonders gerne in die Gottesdienste. Natürlich finde ich, daß auf Hebräisch gebetet und gesungen werden muß. Ich finde es gut, daß die Sitten und Bräuche eingehalten werden und, daß die Kinder dann bei Festen den Gemeindesaal schmücken und den Feiertagen entsprechend etwas vortragen, singen oder tanzen. Es ist dann auch schön, wenn die gesamte Gemeinde mittanzt und sich freut. Was ich aber schade finde, ist, daß das Judentum in der Welt eine kleine Minderheit ist, und daß vor allem hier in Deutschland das Christentum so überragt. Es wird überhaupt nicht wahrgenommen, daß es auch andere Religionen gibt. Das merkt man besonders vor Weihnachten, wenn es überall festlich geschmückt wird. Ich wurde schon einige Male von Leuten angesprochen, die dachten, daß jeder Christ sei und gefragt, wie ich denn zu Jesus stehe, ob er mein Vorbild sei, etc.

Da es jetzt wieder so viele Neonazis, Rechtsradikale und Ausländerfeindlichkeit gibt, habe ich Angst, daß sie uns Juden wieder angreifen würden, und daß es mal wieder wie zu der Zeit des II. Weltkrieges kommen könnte, in der die Juden verfolgt und ausgerottet wurden.

Doch, wenn ich jetzt in den Straßen rumlaufe und Neonazis sehe, fürchte ich mich nicht, denn sie können mich nicht erkennen, denn ich sehe genauso aus, wie alle Mädchen in meinem Alter, und ich habe keine spitzen Ohren und keine krumme Nase, wie es damals von den Juden vermutet wurde.

Ich muß trotz allem sagen, daß ich sehr froh bin, Jüdin zu sein und mir meine Sitten und Bräuche gefallen.

*Evelyne, 16 Jahre*

P. S.
Ich habe eine Bitte, wenn mein Bericht für das Jüdische Lesebuch genommen wird, daß nicht mein richtiger Name darunter steht, denn ich möchte gerne anonym bleiben. Wenn dies nicht geht, dann soll mein Bericht bitte nicht genommen werden.

Ein Gedicht für die, die gegen Juden und Ausländer sind, und jetzt mit uns Frieden schließen sollten!

Warum?
Warum tut ihr das?
Macht euch das etwa Spaß?
Habt ihr denn kein Herz?
Seht ihr nicht den Schmerz?
Stellt euch vor, ihr wärt jetzt dort,
immer fort und immer fort,
gepeinigt und geschlagen,
nichts mehr tätet ihr haben,
der Hunger würde euch plagen!
Nur wegen unserer Religion
schreit ihr uns an in bösem Ton:
»Nimm das, tu dies!«
Warum seid ihr nur so mies?
Gebt Antwort auf meine Fragen!
UND TUT UNS NICHT WEITER PLAGEN!

*Sandra, 9 Jahre*

Liebes Pädagogisches Zentrum!

Ich habe ein Gedicht geschrieben, weil ich es Scheiße finde, daß Deutschland die einzigen zwei Weltkriege angefangen oder mitgemacht hat. Es gibt ja auch Bürger, welche überhaupt nichts damit zu tun hatten, aber sie mußten darunter leiden! Ich habe manchmal diesen blöden Ausländerhaß schon satt und diese verdammten Nazischweine. Ich finde, es gibt fast überhaupt keine freie Minute, wo nichts und kein Krieg herrscht! Deshalb schreibe ich jetzt mein Gedicht:

Ich wünscht', ich wäre dort.
An jenem andern Ort.
Immer nur dies Land,
es liegt nicht mal am Rand.
Ist denn Geld *so* wichtig?
Ich halte es für richtig,
zu leben ohne Krieg.
Dann gibt es keinen Sieg,
dann ist es aus mit dem Krieg!
Es sind nicht alle Menschen gleich,
der eine ist braun,
der and're ist bleich.
Und was hat das zu sagen?
werden manche von Euch fragen.
Doch nicht alle fragen so,
das ist wohl leider so.

Jetzt möchte ich noch von einem Erlebnis erzählen, bei dem ich stinkwütend war. Meine beste Freundin, sie ist leider weg-

gezogen, ist farbig. Als ich einmal mit ihr draußen war, schaute jemand aus einem Fenster und rief: »He, warum hast Du Dich mit Schokolade angemalt?« Dann rief ich: »Hör zu, wenn Du das noch einmal sagst, dann bist Du blau und grün!« Da verschwand das Gesicht, und kurz darauf erschien eine Frau am Fenster und fragte mich, was das soll. Als ich es ihr erklärte und sie merkte, daß eine Weiße für eine Schwarze kämpfte, ging das Fenster schnell zu!
Meine Freundin war zwar keine Jüdin, aber das ist auch egal. Es muß sich in Deutschland gewaltig was ändern, aber schnell. Die Deutschen trauen sich nie, etwas zu sagen, auch wenn sie eine andere Meinung haben! Meinen Bruder Dani hat sogar mal jemand Judenfurz genannt. Die in meiner Klasse meinen sogar, daß sie es unfair finden, wenn ich an Jom-Kippur eine Mathe-Arbeit nicht mitschreibe!
Gegenüber von meinem Gymnasium ist eine Hauptschule, und ein Mädchen von meiner Klasse meinte einmal: »Wußtest Du eigentlich, daß dort zu 90% Ausländer sind?« Als ich sagte, daß ich das nicht schlimm finde, sagte sie: »Aber trotzdem. Das ist doch eine deutsche Schule!« Richtig doof war das von ihr. Richtig typisch deutsch. Mein anderer Bruder Uriel hat einmal die Schule gewechselt wegen einem Lehrer. Es war in der fünften Klasse und gerade nach dem Schulschwimmen. Viele hatten noch ihre Mützen auf, und der Lehrer sagte: »Nehmt eure Mützen ab, das sieht ja genauso dämlich aus wie bei den Juden.« Da stand Uriel auf und meinte: »Ich finde nicht, daß das dämlich aussieht!« Seitdem nahm ihn der Lehrer nicht mehr dran, und als meine Mutter mit ihm redete, war seine einzige Entschuldigung: »Ich kann ja nicht wissen, daß ein Jude in der Klasse sitzt.« Der Lehrer ist jetzt Gott sei Dank in Pension,

aber wir hätten eigentlich damals den Rabbiner verständigen sollen.

*Keren*

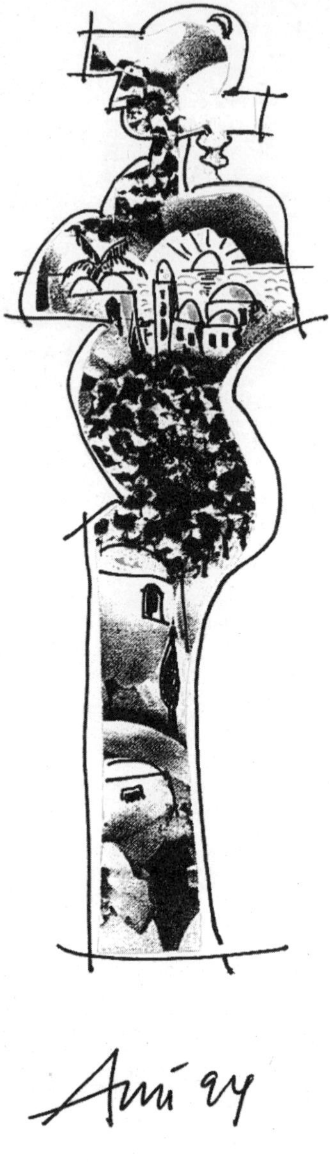

## II Ich wollte lieber in Israel bleiben

Die folgenden Texte stammen fast alle von Kindern, die in Israel geboren wurden und heute in der Bundesrepublik leben. Die Überschrift - der Schlußsatz im Text von Gilad - drückt auf einfache und klare Weise aus, was auch die anderen Kinder fühlen.

Jeder Umzug in ein fremdes Land fällt auch Kindern schwer. Sie müssen ihre vertraute Umgebung verlassen, sich von Freunden und Schulkameraden verabschieden, auf einen gewohnten Alltag verzichten. Israel ist ein südländisches Land, geprägt auch von orientalischen Einflüssen, dort ist vieles anders als in Deutschland. Das Wetter ist warm, die Kinder spielen auf der Straße, keiner beklagt sich über Lärm oder Unordnung.

Es kommt aber noch ein entscheidender Faktor hinzu: Die Kinder haben nicht nur ihre Heimat Israel verlassen, sondern sind in das Land der Täter gezogen. Viele Großeltern dieser Kinder gehören zu den Überlebenden der von Deutschland begangenen Greueltaten und haben ihren Kindern und Enkeln von ihren Leiden erzählt. So kann es auch für jüdische Kinder kein unbefangenes Verhältnis zu Deutschland, keine »Normalität des Alltags« geben, die nur von der Gegenwart geprägt wäre. Immer wieder beeinflußt die Vergangenheit die Gegenwart der Kinder. Maja zum Beispiel geht in die jüdische Schule in Berlin. Die neue jüdische Schule in Berlin ist heute untergebracht in der Hamburger Straße, in einem ehemals der jüdischen Gemeinde gehörenden Gebäudekomplex. Dort mußten sich alle Juden Berlins einfinden, denen es nicht gelungen war, rechtzeitig aus Deutschland zu fliehen. Von dort aus gingen die Deportationen in die Konzentrationslager im Osten. Der Opa von Daniel war in Auschwitz und hat die Häftlingsnummer eintätowiert.

Bei Kindern aus Israel ändert sich mit ihrem Umzug nach Deutschland radikal ihre gesellschaftliche Position. Sie, die bislang zur Mehrheitsbevölkerung und -kultur des Staates Israel gehörten, sind plötzlich Angehörige einer Minderheit. Sie beginnen ihre Identität zu hinterfragen, und unter dem Druck des Andersseins bilden sie ein starkes Nationalbewußtsein aus. Erstaunlich ist, daß sie sich als Juden bekennen und nicht so sehr als Israelis im Ausland. Dies liegt vielleicht daran, daß Israel schon immer eine zentrale Rolle in der jüdischen Religion gespielt hat. Alle Feiertage sind mit dem Land Israel verbunden, als messianische Utopie ist die Rückkehr aller Juden nach Israel bis heute Teil des religiösen Bekenntnisses. Und so lernen jüdische Kinder die hebräische Sprache, um die Bibel im Original lesen zu können, singen Erntedanklieder des Landes Israel und beschäftigen sich mit seiner Geographie.

Aber auch außerhalb des religiösen Lebens spielt Israel eine zentrale Rolle im Bewußtsein aller Juden. Wie Alexander, der Junge aus Moskau, der selbst noch nie in Israel war, fühlen sie sich emotional mit dem Staat verbunden, mit dessen Entstehung der alte jüdische Traum von Selbstbestimmung in Erfüllung gegangen ist. Vor diesem Hintergrund gliedern sich auch die israelischen Kinder in die bereits bestehende jüdische Gemeinschaft in Deutschland ein, und gleichzeitig führt die stets erneut beschworene Solidarität dazu, daß die Sehnsucht der Kinder und auch vieler Erwachsener nach Israel wachgehalten wird.

Das will ich zuerst sagen:

Die Araber und Israelis sollen zusammen in Frieden leben.
In Israel habe ich viele Freunde gehabt, und ich war der Stärkste in der Klasse.
Als ich 3 Jahre alt war, sind wir nach Wien gefahren.
Zuerst war es nicht so gut, weil ich neue Freunde suchen mußte.
Dann habe ich einen Freund gefunden.
In der Schule war ich gut.
Nach 2 Jahren sind wir nach Israel geflogen. Ich habe mich gefreut.
Wieder nach 2 Jahren sind wir nach Deutschland gekommen.
Das ist nicht gut.
Ich wollte lieber in Israel bleiben.

*Gilad, 2. Klasse*

Ich heiße Maja

Ich bin in Israels Hauptstadt Jerusalem geboren. Als ich mit drei Monaten nach Berlin zog, hieß es nicht, daß ich mein Judentum verlor, nein, wir feiern die Jüdischen Feiertage sehr traditionell und feierlich, wir gehen in die Synagoge, um den Rabbiner zu hören. Zu Hause sprechen wir Hebräisch, um die Sprache nicht zu vergessen. Das jüdische Essen am Schabbat ist bei uns sehr anerkannt. Meine Urgroßeltern und ihre Verwandten sind leider in der Hamburger Straße abgeholt und in unbekannte Ziele gebracht worden. Ich bin in der Jüdischen Schule, weil als Jüdin finde ich es wichtig, die Geschichte Israels zu lernen. Und auch anderen Kindern die Chance zu geben, das Judentum zu lernen. Und hoffe sehr, daß die Lage in Deutschland mit dem Fremdenhaß aufhört.

*Maja, 5. Klasse*

Ich heiße Awichai und ich bin Jude. Ich bin elf Jahre alt, und von diesen elf Jahren war ich sechs Jahre in Israel. Ich bin in Israel geboren, und jetzt bin ich in Berlin, auf der Jüdischen Grundschule. Ich habe viele Freunde und auch deutsche. In der Schule bin ich auch recht gut, aber träume auch manchmal. Mein Vater ist seit ein paar Jahren tot, und wir (meine Mutter und Brüder) gehen oft zum Friedhof und beten. Ich habe Angst, daß es in ein paar Jahren vielleicht keine Ausländer mehr in Deutschland geben wird. Ich finde es aber gut, daß die meisten für Ausländer sind. Zu Hause feiern wir nicht Schabbat, aber andere Feste. In der Schule feiern wir auch die Feste und kriegen auch für jüdische Feste frei, das finde ich gut. An manchen Festen gehen wir in die Synagoge, und dort will ich auch meine Bar-Mizwa machen.
Schade, daß es in Deutschland nicht so warm ist wie in Israel. Ich bin stolz darauf, Jude zu sein, weil ich finde, daß Israel das schönste Land der Welt ist und weil sie eine strenge Religion haben.

*Awichai, 5. Klasse*

Ich heiße Daniel, und ich wurde am 5. August '81 geboren in Rischon Le Zion (Israel). Mein Uropa und Uroma wurden im Ghetto getötet. Mein Opa floh anschließend zu dem nächst benachbarten Land und heiratete. Er bekam drei Kinder, einer von ihnen war mein Vater. Und ich liebe es, daß ich ein Jude bin. Mein Vater und Mutter sind Juden. Mein Opa hat auf der Hand eine Numerierung vom Ghetto, die ihm eingebrannt wurde.* Er lebt jetzt in Israel. Ich mag sehr gern die Jüdische Schule. Ich habe nette Freunde und daß wir jeden Tag die Bracha sagen und in der Schule feiern. Ich wohne in Berlin-Wedding. In diesem Teil fühlt man nix über Feindlichkeiten.

*Daniel, 5. Klasse*

Sehr geehrte Damen und Herren,

Ich heiße Alexander und bin 18 Jahre alt. Ich bin vor fünf Monaten aus Rußland, aus Moskau, gekommen.
Mein jüdisches Leben hat, als ich zum erstenmal mich als Juden verspürt habe, vielleicht in dritten Klasse begonnen. Früher, freilich, hörte ich von meinem Vater begeisterte Erzählungen von Israel, wo Juden mit dem Gewehr in der Hand und mit dem Spaten in der anderen Hand (den Staat) gegründet haben, genauer, ins Leben das bewundernswerte Land zurückgerufen hatten.

* Nicht in den Ghettos, jedoch im Konzentrationslager Auschwitz wurden den Häftlingen ihre Nummern in den Unterarm tätowiert.

Manchmal bot mir mein Großvater schöne Juden-Lieder zu hören an. Das waren Weisen, merkwürdige, sorglose, manchmal traurige, getragene, genauso sonderbar, wunderlich und wunderschön wie die Geschichte des jüdischen Volkes.
Aber, wiederhole, ich habe mich wirklich als Jude nur in der dritten Klasse gefühlt. Damals hat jemand aus meiner Klasse im Klassenbuch gelesen: »Ach so, Alexander ist Jude, Jude, Jude . . .«
Es hat mich geniert und ich begann zu verstehen: »Ich bin Jude!« Seit dieser Zeit begann ich, mit blauen Flecken nach Hause zu kommen und endlich stellten die Eltern mich zu einer anderen Schule um.
Was bedeutet es für mich, Jude zu sein? Ich denke, daß das nicht nur die Aufschrift in dem Paß ist. Jude, das ist jener, der stolz auf seine Nationalität sein kann. (Um so mehr, haben wir viele Ursachen für den Stolz). Wir interessieren uns für die Geschichte unseres Volkes, für seine Kultur und Tradition. Endlich, glaube ich, daß ein wahrer Jude sich immer an sein Land erinnert, wo seine Vorfahren geboren wurden und wo wir immer erwartet werden – an Israel.
Israel nimmt schon viele Zeit sehr wichtigen Platz in dem Leben meiner Familie ein. In Israel wohnen Mutter und Vater meiner Mutter und ihr Bruder, meine Großmutter, Großvater und Onkel. Viele andere Verwandte meines Vaters und meiner Mutter. Wir erleben die Probleme von Israel, Mißerfolge von Israel und freuen uns bei seinen Erfolgen.
Um als Jude in Deutschland zu bleiben, hilft uns die jüdische Gemeinde Magdeburg. Dort treffen wir Juden uns oft, feiern jüdische Feiertage, besuchen Gottesdienste, lesen mit unserem Vorsinger die Bibel.

Ich bin nicht nach Israel gekommen. Ich wohne in Deutschland. Aber ich bleibe Jude. Das ist wichtig für mich.
Mit freundlichen Grüßen
Alexander
P.S. Entschuldigung, bitte, meine schlechte Sprache.

*Alexander, 18 Jahre*

In Israel gibt es viel mehr Juden als hier
und Milch und Honig,
in Deutschland gibt es nur Fleisch und Bier
und trotzdem fühlt sich jeder wie ein König.

Aber in Israel ist es besser,
und man kann es nicht so gut erklären,
aber als ein Jude kann man dort viel besser leben:

da kann man ins Meer gehen, wenn es sehr warm ist,
und wenn ihr wollt, dann könnt ihr euch sonnen und sehen,
wie eine Meduse schwimmt.

Mir fehlt hier sehr das Meer und die Sonne,
und ich fühl' mich hier wie in der kalten Zone.

*Sara, 6. Klasse*

Ich komme aus Jerusalem. Wir haben in einem Haus zusammen mit Oma, Opa, Mama, Papa und meiner Schwester gewohnt. Ich habe 1000 Freunde gehabt, und hier in Deutschland nur 3.
Mein Papi will hier arbeiten, aber ich will nach Israel zurück.
In der Schule weine ich jeden Tag, weil ich Angst habe, daß keiner mich abholt.

*Inbal, 1. Klasse*

# III Aus Rußland emigriert

Ungeachtet staatlicher Repressionen emigrierten seit dem Ende der sechziger Jahre immer wieder größere Gruppen von Juden aus der ehemaligen UdSSR. Ihr Ziel war zunächst Israel.
Nach einer leidvollen Geschichte nicht endenwollender Pogrome im zaristischen Rußland, erfüllte auch die sozialistische Staatsordnung die Hoffnung auf ein Ende der Diskriminierung nicht. Jegliche religiöse Bildung wurde unmöglich gemacht. Mit dem Verbot, hebräische Texte zu drucken, weiterzuverbreiten, ja, sogar zu lesen, wurde ihr die Grundlage entzogen. Treffen mußten unter konspirativen Bedingungen stattfinden, staatlich genehmigte jüdische Veranstaltungen wurden stets vom KGB observiert.
So wuchs eine Generation Unwissender, überwiegend auch Desinteressierter heran. Nur wenige hatten das Glück, durch Großeltern wenigstens noch die Spur einer emotionalen Bindung an jüdisches Leben vermittelt zu bekommen. Wir sehen dieses deutlich in den Berichten zweier Jungen, die beide den Namen Alexander führen.
Vorrangiges Existenzproblem war für viele die Eingliederung in die sowjetische Gesellschaft. Dies war schwer genug, denn der berüchtigte Punkt 5 im Paß – »Nationalität Jude« – entließ keinen aus den Fesseln seiner Herkunft. Um gesellschaftlich bestehen zu können, mußte Überragendes geleistet werden, gut zu sein genügte nicht. »Man mußte genial sein«, berichtet eine emigrierte Lehrerin.
Der hohe Stellenwert, den das Lernen in jüdischen Familien stets hatte, übertrug sich so von religiösen auf weltliche Stu-

dien. Eltern forderten ihren Kindern häufig ein Maximum an Fleiß und Integrationswillen ab. Eigenschaften, die heute die Mehrheit der hier lebenden Emigranten auszeichnen. Dies ist auch ablesbar an den Berichten der Kinder und ihrer Fähigkeit, diese Berichte nach ein- bis zweijährigem Aufenthalt in Deutschland in der vorliegenden Form schriftlich niederzulegen.

Mit der zaghaften Öffnung der sowjetischen Gesellschaft unter Gorbatschow Ende der achtziger Jahre erwachte – besonders unter jüdischen Intellektuellen – der Wunsch nach Stärkung der jüdischen Identität. Einige Gruppen verstärkten ihre »konspirativen« religiösen Treffen bei Gottesdiensten und Lerngruppen. Langsam traten sie offener und fordernder auf, bis 1989 die Religionsfreiheit eingeführt wurde. In Kiew und Riga wurden sogar jüdische Schulen gegründet.

Andere emigrierten (außer nach Israel) jetzt auch in westliche Länder wie Amerika, Kanada, Bundesrepublik Deutschland, wo sie sich schnell eingliederten und in die bestehenden jüdischen Gemeinden aufgenommen wurden.

Mit der Verschlechterung der ökonomischen Lage anfangs der 90er Jahre erwachte in Rußland wieder der alte rassistisch und religiös geprägte Antisemitismus.

Die Angst vor seinem Erstarken, aber auch die Hoffnungslosigkeit der wirtschaftlichen Situation treibt nun wiederum viele Juden auf die Konsulate der westlichen Länder, in der Hoffnung, als »Kontingentflüchtling« die Chance zu einem neuen Start in Freiheit zu bekommen.

Rußland ist ein sehr großes Land, und es gibt dort viele Städte. Früher gab es dort fünfzehn Republiken. Jede Republik hatte ihre eigene Hauptstadt, aber das Herz von Rußland ist Moskau. Moskau ist eine wunderschöne Stadt. Halb Moskau besteht aus Altgebäuden, in Moskau befindet sich der Kreml. Mit den Jahren veränderte sich der Kreml und die Regierung. Es gibt in Moskau viele Museen, Theater und Opern. Die Kultur in Moskau kann man nicht mit Worten beschreiben.
Moskau ist auch eine moderne Stadt. Es gibt auch moderne Neubauten. Jede Familie hatte eine Wohnung, eine große oder kleine, aber das Leben geht weiter.
In Rußland gibt es praktisch keine Kinder, die nicht mitspielen dürfen. Es gibt kein Kind, das keine Freunde hat. Den ganzen Tag können die Kinder im Garten neben dem Haus Spaß haben. Die Kinder können auch in den Mondpark fahren. Wenn es heiß ist und die Sonne ganz hoch steht, kann man in der schönen Natur wandern. Es ist angenehm, auf der schönen Wiese zu liegen und den schönen Tag zu genießen.
NICHT JEDER MENSCH KANN SEINE HEIMAT VERGESSEN!

*Julia, 6. Klasse*

Guten Tag, meine Freunde!

Ich heiße Sascha und bin elf Jahre alt. Meine Heimatstadt ist Rowno, sie liegt in der Ukraine. Wir haben eine Drei-Zimmer-Wohnung gehabt. Ich besuchte eine große und schöne Schule.

Diese Schule war größer als alle anderen Schulen in meiner Stadt. Viele Juden lernten in meiner Schule. Ich ging in die fünfte Klasse. In meiner Klasse waren 29 Schüler. Mein kleiner Bruder besuchte den Kindergarten. Meine Mutter arbeitete als Kinderärztin in einem Poliklinikum. Mein Vater arbeitete in der Armee. Schade, aber in Rußland und in der Ukraine begannen die Preise zu steigen. In Moskau war Putsch. Es gab viele Gangster und Kriminelle. Wir trauten uns nicht auf die Straße, wenn es abends dunkel war. Manchmal werden die Leute sogar in ihren Wohnungen überfallen. Deswegen sind wir nach Deutschland ausgewandert. In der Ukraine wohnt noch meine Oma, aber noch zwei, drei Monate, und sie kommt auch nach Deutschland. Jetzt wohnen wir hier im Hotel »Niederräder Hof«. Hier in Deutschland wohnen wir und bekommen jeden Tag viel, viel Spaß.

*Alexander, 11 Jahre*

Guten Tag, liebe Freunde! Ich heiße Mitja. Ich bin aus Kiew gekommen. Kiew ist die Hauptstadt der Ukraine, einer der ehemaligen Sowjetrepubliken. Wir hatten dort eine Vier-Zimmer-Wohnung. Ich besuchte eine russische Schule. In der Schule hatte ich einen sehr guten Freund. Einmal fand ich im Briefkasten einen Zettel. Auf dem Zettel stand geschrieben: »Juden! Fahrt weg nach Israel, oder wir bringen euch um.« Einmal habe ich mit einem Jungen gestritten, und er hat mich mit einem beleidigenden Wort beschimpft.

Die Preise begannen sehr schnell zu steigen. Das sind die

Gründe, warum wir ausgewandert sind. Ich bin in Deutschland schon seit sieben Monaten. Es gefällt mir hier. Ich wohne im Hotel und gehe zur jüdischen Schule.

*Mitja, 5. Klasse*

Ich heiße Radmila und bin 11 Jahre alt. Ich werde Euch etwas über mein Leben als Jüdin in Rußland erzählen. In Rußland war ich in einer Englischen Schule und viele meiner Freunde waren Russen, Amerikaner, Letten und ganz wenige von denen waren Juden. Die Juden in Rußland wurden nicht gemocht, aber trotzdem wurden Jüdische Schulen gebaut, es war nicht so wie hier in Deutschland. Es durften in den Jüdischen Schulen nur Juden unterrichten, auch die Lehrer mußten Juden sein. Meine Familie war nicht arm und nicht reich, wir waren also mittelmäßig. Zur Zeit leben immer weniger Juden in Rußland, alle reisen entweder nach Israel oder nach Amerika ab, und zur Zeit waren fast alle unsere Freunde weg, also entschlossen wir uns auch, ins Ausland zu fahren. Mein Vater fuhr als allererster hin. Ein Jahr war er hier in Deutschland, er konnte nicht mehr zurück, also blieben wir allein in Rußland: meine Mutter, meine Oma, meine Schwester und ich, vier Frauen. Wir mußten alles verkaufen und uns auf den Weg machen. Jetzt war alles erledigt und wir waren im Zug, der uns nach Frankfurt bringen sollte. Nun endlich waren wir da, und ich sah meinen Vater zum ersten Mal seit einem Jahr. Ich hatte mich riesig gefreut, daß ich ihn sehen durfte. Seit diesem Moment sind fast zwei Jahre vergangen. Jetzt haben wir eine Wohnung, meine Schwester studiert und ich lerne!

*Radmila, 11 Jahre*

Wir sind nach Deutschland gekommen, weil es in Rußland schlecht war. Wir wollten nach Deutschland fahren, weil alles schlecht wird: Lebensmittel werden teuer und im Laden gibt es nichts zu kaufen. Ich habe alle Feiertage mit meinem Opa gefeiert.
In Deutschland gefällt mir die Schule. In Rußland ist die Schule größer und strenger als in Deutschland. Deshalb ist es hier besser. Ein Junge hat zu meinem Freund gesagt: »Du Scheißjude«, und hat ihn geschlagen.

*Alexander, 4. Klasse*

Ich lebte in Moskau, meine Stadt war die größte in ganz Europa. Ich lernte in einer russischen Schule, und dort habe ich die deutsche Sprache gelernt. Als ich in Deutschland in eine jüdische Schule ging, konnte ich schon ein bißchen Deutsch, und für mich war es nicht so schwer wie für die anderen Kinder. Fast alle russischen Kinder lernten in Rußland Englisch. Mein Opa war einer der wichtigsten Männer in der Synagoge. Doch meine Eltern sind nicht sehr religiös. Sie kannten jüdische Feste, aber zum Beispiel war der Vater niemals in der Synagoge, nur die Mutter war einmal dort. Meine Freunde waren Juden und Russen. Die jüdischen Kinder wußten, daß ich ein Jude bin. Die russischen Kinder wußten das nicht, weil es sie nicht interessiert hatte. Und wer das wußte, der hat zu mir niemals gesagt, daß ich von Rußland verschwinden soll oder so was. Aber viele Kinder haben das Wort Jude wie eine Beleidigung benutzt. Aber zum Glück waren es nicht meine Freunde.

*Alexander, 4. Klasse*

Meine Katze Julia

Ich hatte in Rußland eine Katze. Sie heißt Julia. Ich habe sie an meinem achten Geburtstag bekommen. Sie war zwei Monate alt, als ich sie bekam. Sie war grau und hatte Streifen auf dem Rücken. Die Julia war eine schöne Katze, und sie war lieb zu unserer Familie. Aber leider mußten wir sie jemand anderem schenken, weil wir nach Deutschland gezogen sind.

*Genia, 3. Klasse*

Ich komme aus der großen Stadt Moskau. Ich, meine Eltern und mein Bruder wohnten in einer Vier-Zimmer-Wohnung. In Moskau gab's fast alles in Geschäften, es war sehr teuer. Ich war oft draußen auf dem Hof und spielte mit meinen Freunden. Papa und Mama beschlossen, nach Israel zu fahren, aber wir haben erfahren, daß dort Krieg ist, und wir fuhren nach Deutschland. Um 6.00 Uhr morgens hielt der Zug an. Wir stiegen aus. Ich sah zum ersten Mal den Hauptbahnhof von Frankfurt. Es war November, und mir war kalt. Mein Papa gab mir seine Jacke. Wir dachten, wir würden jemanden treffen, aber es war niemand da. Wir blieben bis 14.00 Uhr im Hauptbahnhof, bis mein Vater und Bruder ein Hotel fanden. Papa brachte die Sachen, mich und meine Mutter zu einem Lastwagen, aber in dem Wagen war kein Platz für alle, deshalb gingen ich und mein Bruder dann zu der Straßenbahn. Wir konnten kein Deutsch, und mein Bruder sprach auf Englisch. Wir setzten uns in die Straßenbahn und fuhren leider in die falsche Richtung. Wir fragten die Menschen immer wieder, aber niemand zeigte uns den richtigen Weg. Endlich half uns ein Mann. Er ging mit uns wieder zu der Straßenbahn Nr. 11 und sagte, wann wir aussteigen müssen. An der Haltestelle wo das Hotel war, wartete auf uns schon mein Vater. Er sagte: »Ich habe mir um euch Sorgen gemacht, ihr wart anderthalb Stunden weg.«

*Lena, 4. Klasse*

Ich komme aus Rußland. Die letzte Zeit war es für uns schwer dort zu leben, darum sind wir weggefahren. Meine Familie bestand früher aus vier Personen. Aber die Mutter von meinem Vater ist vor zwei Jahren gestorben. Aber ich kann sie nicht vergessen, weil ich sie sehr lieb hatte. Ich habe auch eine Mutter von meiner Mutter. Die liebe ich auch sehr, und ich bin ganz sicher, daß sie in ein paar Monaten zu uns kommt. Sie will auch mich sehen, und wenn sie kommt, backt sie mir meinen Lieblingskuchen.

*Grigorij, 2. Klasse*

Ich komme aus Rußland.
Hier ist es gut.
Die Bananen und Kirschen sind gut.
Mein Papa kauft mir Schokolade.
Die ist in Rußland zu teuer.
Ich liebe Bananen und Schokolade.

*Marina, 1. Klasse*

Geschichten aus Rußland und Israel

Ich komme aus Kirowograd.
Meine Familie ist klein.
Meine Familie besteht aus 3 Leuten.
In Rußland habe ich eine Wohnung.
Meine Wohnung besteht aus 2 Zimmern.
In Rußland ist fast alles schlecht:
es gibt wenig Lebensmittel
und alles ist sehr teuer.
Ich habe einen Freund gehabt.
Er war ein guter Freund.

Mein Freund hieß Sergej.
Es ist 11 Jahre alt.
Wir haben die Jüdischen Feiertage nicht gefeiert.
Ich habe mich sehr gut gefühlt, aber hier ist es noch besser.

*Dmitrij, 4. Klasse*

Meine Freunde erfuhren, daß ich Jude bin

Ich heiße Boris und bin zwölf Jahre alt. Ich wohne in einem großen Haus, wo viele Kinder wohnen. Der Nachbar von uns heißt Michael, und sein Sohn heißt auch Michael. Wir sind gute Freunde. Und als seine Mutter von mir erfuhr, daß ich auch Jude bin, hat sie mich gefragt, in welche Schule ich gehe. Ich habe ihr gesagt, daß ich in die Jüdische Grundschule gehe und daß die Schule eine Ganztagsschule ist. Sie antwortete mir, daß ihr diese Schule sehr gefällt, und sie will, daß ihr Sohn Michael auch in diese Schule geht. Als Michael es erfuhr, daß ich Jude bin, erzählte er es im ganzen Hof. Zuerst wußte ich noch garnichts. Aber dann hat mich der Junge Peter gefragt, ob es stimmt, daß ich in eine Jüdische Schule gehe und daß ich Jude bin. Ich sagte ihm, daß es stimmt. Ich wußte zuerst nicht, was jetzt passiert. Aber es ist nichts passiert. Die Kinder im Hof (alle) haben es ganz normal aufgenommen. Und jetzt habe ich mehr Freunde als ich vorher hatte.

*Boris, 12 Jahre*

Seid gegrüßt, liebe Freunde! Ich heiße Eduard, ich komme aus Rußland. Als ich nach Deutschland kam, sagte ich sofort meiner Mutter: »Ich will Deutsch so schnell wie möglich lernen, weil ich mit deutschen Kindern reden will.«
In Rußland habe ich sehr viele Freunde gehabt. Da haben wir keine jüdischen Feste gefeiert, weil wir sie garnicht kannten.
Wir hatten eine vier Zimmer große Datscha und eine Drei-Zimmer-Wohnung. Jetzt wohnen wir alle zusammen, fünf Leute, in einem Zimmer im Hotel. Es ist sehr eng, und wir brauchen viel Geduld. Ich habe keinen richtigen Platz, um meine Hausaufgaben zu machen. Manche Freunde von mir machen die Aufgaben sogar im Bett oder auf dem Boden. Meine Mama sagt immer, das Schlimmste ist das Kochen. Wir müssen in einem Zimmer schlafen, lernen und kochen. Beim Schlafen ist es ganz lustig, wir müssen alle zusammen in einem Bett schlafen.
Aber trotzdem gefällt es mir hier viel besser als in Rußland.
Ich habe keine Geschwister. Ich will jetzt sehr gerne mal zu Besuch nach Rußland fahren, aber meine Mutter will nicht. Wenn ich das selber könnte, nach Rußland fahren, dann hätte ich das schon gemacht. In Israel war ich auch noch nicht.

*Eduard, 4. Klasse*

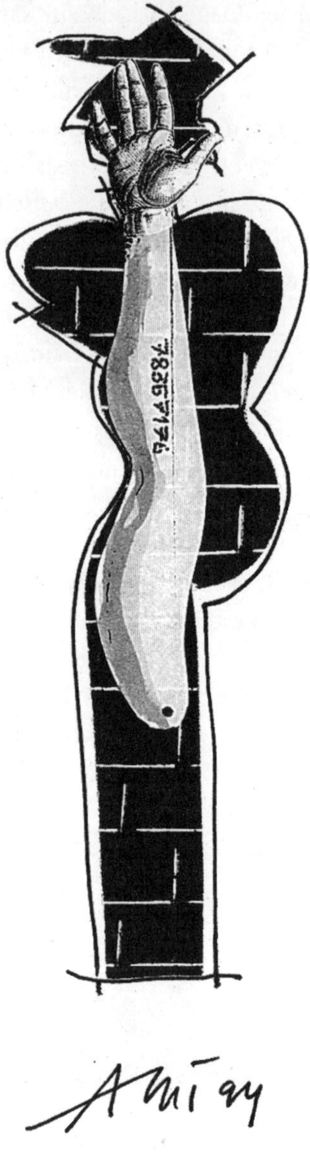

## IV Wir machen uns Gedanken

Dieses Kapitel bringt Aufsätze von Schülern aus der Jüdischen Schule in Frankfurt. Ihre Auseinandersetzung mit der deutschen Wirklichkeit ist, wie die Aufsätze belegen, oft widersprüchlich und manchmal pessimistisch. Unmittelbarer Schreibanlaß war die Besprechung des Buches »Die Insel in der Vogelstraße« von Uri Orlev im Deutschunterricht. Da in der jüdischen Schule jüdische Themen ihren Platz in Deutsch, Geschichte und Sozialkunde haben, ist es für Kinder dieser Altersgruppe recht selbstverständlich, dazu in persönlicher Art und Weise Stellung zu nehmen.
Da gibt es zum einen die Kinder, die aus der ehemaligen Sowjetunion nach Deutschland gekommen sind. Sie werden an der Jüdischen Schule teilweise zum ersten Mal mit jüdischer Religion oder jüdischen Gebräuchen konfrontiert. Dadurch empfinden sie in Deutschland zum ersten Mal eine jüdische Identität.
Kinder, die in Frankfurt geboren sind, sind hauptsächlich über den aufkeimenden Rechtsradikalismus entsetzt und kommen zu der Frage: »Warum bin ich als Jude überhaupt noch in Deutschland?« Sie beschäftigen sich – bedingt durch ihre Familiengeschichte – besonders intensiv mit dem Holocaust. Dadurch entwickeln sich bei ihnen Schuldgefühle darüber, daß sie in Deutschland leben. Das Problem verstärkt sich, weil für viele Kinder das Auswandern nach Israel zur Zeit keine Alternative wäre. »Es wäre für mich sehr schwer, auszuwandern und meine Freunde und alles zurückzulassen.«
Für eine andere Gruppe ist wiederum gerade die Möglichkeit,

nach Israel auswandern zu können, ein Hoffnungsschimmer. »Ich kenne Israel nur als Ferienort, aber was ich gesehen habe, hat mir gefallen. Ich würde dorthin gehen, weil wir dort hingehören und nicht nach Deutschland.« Dann gibt es Kinder, die aus Israel kommen und für unbestimmte Zeit in Deutschland leben. Ihre Identität ist klar definiert. Sie sind Juden, deren Heimat Israel ist, und mit dem Wissen, wieder nach Israel zurückzukehren, können sie auch Mißstände in Deutschland besser ertragen oder sich auch freier empören: »Ich hoffe, ich gehe zurück nach Israel, obwohl ich hier Freunde habe.«

Nichtjüdische Kinder an einer jüdischen Schule erleben sich plötzlich in einer Minderheit. Da sie keine Juden sind, müssen sie ihre Schulwahl manchmal gegenüber nichtjüdischen Freunden rechtfertigen oder sogar verteidigen.

Alle Kinder gemeinsam haben das Bedürfnis, in einen Dialog zu treten. Dies zeigt auch der Beitrag über den Jüdischen Friedhof in Neuss, der gemeinsam von einem jüdischen Jungen und seinem nichtjüdischen Schulfreund verfaßt wurde.

Hallo ZWST!

Die Klassen 6a und 6b haben von Eurem Schreibwettbewerb berichtet bekommen und sofort darauf reagiert. Alle Schüler/Schülerinnen haben sich zu kleinen Gruppen zusammengesetzt und schrieben eifrig Berichte. Vor kurzem haben wir das Buch »Die Insel in der Vogelstraße« von Uri Orlev gelesen. In diesem Buch geht es um einen Jungen, der im Zweiten Weltkrieg alleine in einer Ruine lebt. Dazu haben wir Bilder über das Warschauer Ghetto beschrieben. Bei dieser Gelegenheit haben wir Ihnen die Texte und Bilder mitgeschickt. Wir hoffen, daß Ihnen unsere Texte gefallen.
Mit freundlichen Grüßen
Klassen 6a und 6b

PS: Bitte benachrichtigen Sie uns, was mit unseren Texten geschieht.

**Können Ausländer und Deutsche wirklich zusammen hier in Deutschland leben?**

Ich heiße Simon, bin Jude, 12 Jahre alt, wurde in Frankfurt geboren und gehe in eine jüdische Schule.
Wenn ich die Ereignisse der letzten Monate und Jahre verfolge, dann bekomme ich es mit der Angst zu tun. Es stimmt – 1993 ist nicht 1933, aber der Fremdenhaß und Neofaschismus wird von Tag zu Tag größer. Ich verstehe nicht, daß z. B. in Rostock die Polizei am ersten Tag der schlimmen Vorfälle trotz Wasserwer-

fern, Tränengas und Schlagstöcken den harten Kern der Randalierer von etwa 60-70 Personen nicht aufhalten konnte. Wieso können Neonazis heute behaupten, daß Juden nicht in Konzentrationslagern vernichtet wurden? Wo ist dann die Familie meiner Oma geblieben? Kein einziger hat den Zweiten Weltkrieg überlebt. Warum wird das menschenverachtende Verhalten der Rechtsradikalen erlaubt und hingenommen? Wer das zuläßt, ist auch verantwortlich für den Tod der Türken in Mölln und Solingen. Ich verstehe auch nicht, warum der Bundeskanzler Kohl nicht zu der Trauerfeier erschienen ist. Politiker und die Bevölkerung müssen den Rassismus endlich als Problem ansehen und nicht die Vorfälle verharmlosen. Es muß entschieden gegen die Neonazis vorgegangen werden – nicht so wie in Lichtenhagen, wo 500 Randalierer gegen 500 Polizisten kämpften, und 2000 Leute freuten sich des Schauspiels. Auch wer nichts dagegen unternimmt, macht sich schuldig!

*Simon, 12 Jahre*

## Das Leben der Juden in Rußland

Manche russischen Juden haben Angst, die Wahrheit zu sagen, zu sagen, daß sie Juden sind.
1989 emigrierten viele Juden aus Rußland. Warum??? In dieser Geschichte wollen wir es auch an unserem Beispiel beschreiben. Wir kommen aus Rußland. Ich, Elisabeth, komme aus Moskau. Ich wußte, daß ich Jüdin bin, aber was Jüdin zu sein bedeutet, wußte ich nicht. In unserer Schule waren nur 5 Juden.

In meiner Klasse gab es einen Jungen, der auch Jude war. Ihn hat man ständig geschlagen und mich Jüdin genannt. Ich hatte Angst gehabt zu sagen, daß ich Jüdin bin. Wenn du in eine gute Schule oder Universität wolltest, war es nicht so einfach, weil du Jude bist. Überall stand: Nationalität Jude / Jüdin. Mit dieser Nationalität konnte man nicht in eine beliebige Universität bzw. Schule gehen und hatte keinen guten Ruf. Was der Unterschied zwischen Juden und Nichtjuden ist, verstehe ich bis heute nicht! Kurzgefaßt: Ich fühlte mich nicht als Jüdin.
Ich, Marina, komme aus Moldawien, aus der Hauptstadt Kischinew. Bei mir war es ganz anders als bei Elisabeth. Ich wußte auch, daß ich Jüdin bin. Und ich fühlte mich als Jüdin. Ich kannte viele jüdische Feste. In meiner Schule gab es viele Juden. Meine Schule war eine Schule für alle Nationalitäten, aber es gab mehr Juden als Russen. Es gab sogar eine Klasse, in der alle Juden waren. Zu uns waren alle Kinder nett. Aber einmal hat mich ein Mädchen aus meiner Klasse »dumme Jüdin« genannt. Danach sprach mit ihr die ganze Klasse nicht. Und später hat sie sich entschuldigt. Das heißt aber nicht, daß es überall so war. Es gab in Kischinew auch viel Antisemitismus. Es gab Leute, die Angst hatten, daß jemand erfährt, daß sie Juden sind. Und deswegen haben manche ihre Pässe gefälscht. Sie machten es, weil sie Angst hatten, daß man sie oder ihre Kinder schlagen oder erpressen würde.
Hier in Deutschland fühlen wir uns mehr als Juden als in Rußland; weil es in Rußland keine großen Gelegenheiten gab.

*Elisabeth und Marina, 6. Klasse*

## Russische Juden in Deutschland

Hallo, ich bin Denis, und ich bin ein russischer Jude. Ich kam vor zwei Jahren nach Deutschland und ging in die jüdische Schule, Klasse 5a. Ich fühlte mich in der Klasse irgendwie wohl. Das war ein sehr gutes Gefühl. Aber als ich aus Rußland auswanderte, fühlte ich mich nicht jüdisch. Vor zwei, drei Jahren in Charkow (Ukraine) konnte man nicht frei auf der Straße gehen. Und hier, wenn ich in Frankfurt auf der Straße gehe, dann fühle ich mich wohler. Na ja, auch nicht ganz frei, wie ich es mir wünsche. Aber ich glaube, das kann man in keinem Land der Welt tun. Zuerst mochten mich die Kinder aus meiner Klasse nicht so sehr, wahrscheinlich, weil sie uns überhaupt nicht kannten. Aber nach einem halben Jahr oder so lernten wir uns besser kennen, es schlossen sich Freundschaften an. Jetzt, nach zwei Jahren, fühle ich mich überhaupt nicht fremd in der Klasse. Ich schreibe über dieses Thema, weil ich glaube, es ist wichtig, daß alle wissen, wie sich die russischen Juden in Deutschland in der jüdischen Schule fühlen.

*Denis, 6. Klasse*

## Freidenkend in der jüdischen Schule

Hallo! Ich heiße Björn und gehe seit 7 Jahren in die jüdische Schule. Ich bin Freidenker. Für mich sind die vielen Kameras und Kontrollen an den Eingängen Alltag, obwohl ich nicht von den jüdischen Ängsten betroffen bin. Ich fand auch jüdische Freunde. Vieles in der jüdischen Religion verstehe ich

nicht, aber respektiere es. Komisch finde ich, daß ich trotz der jüdischen Vergangenheit teilweise wegen meines Denkens beschimpft wurde. Manchmal komme ich mir unpassend vor, z. B. wenn die anderen Kinder über jüdische Feste reden. Ich sehe keinen Unterschied zwischen jüdisch und nichtjüdisch.
Hallo! Ich heiße Rafael und bin jüdisch. Ich gehe mit Björn in eine Klasse. Ich denke, daß kein Unterschied zwischen ihm und mir ist. Er respektiert mich, und ich respektiere ihn. Ich glaube, er versteht das Judentum, weil wir im Unterricht viel über die jüdischen Ängste reden. Ich finde es wichtig, daß andere Kinder erfahren, daß die Religion keinen Einfluß auf Freundschaften haben muß und darf.

*Björn und Rafael*

**Ein Bericht:**

Ich bin Nichtjude in einer jüdischen Schule, meine Mutter wollte, daß ich in eine Privatschule gehe. Ich kenne keine weiteren Gründe, außer daß mein Bruder früher auch in dieser Schule war, und auch er wollte, daß ich in diese Schule gehe, weil er sie sehr gut fand. Früher, bei manchen Festen in der Schule, war es sehr komisch, ich bin fast der einzige Nichtjude in der Schule. Selbst etwas dazu beizutragen, war auch etwas komisch. Jetzt ist es nicht mehr so schlimm. Ich bin sogar froh, auf dieser Schule zu sein. Obwohl manche Freunde von mir dagegen sind und manche mich auch fertig machen.

*Jörg*

Ein Christ, ein Jude und ein Moslem sind gute Freunde. Sie sitzen in einer Cafeteria und planen etwas für den nächsten Tag. Plötzlich fällt dem Christen etwas ein.

Christ: Wir könnten doch ins Kino gehen und danach was essen gehen.

Jude: Oh, das ist eine tolle Idee.

Moslem: Ich finde auch, daß es eine gute Idee ist.

Der Jude denkt eine Weile nach und sagt: Wie schade, leider kann ich nicht mitkommen, da morgen Schabbat ist und ich in die Synagoge gehen muß.

Christ: Was ist Schabbat?

Der Jude versucht dem Christen zu erklären, was Schabbat bedeutet.

Jude: In sieben Tagen hat Gott die Welt geschaffen. Am siebten Tag ruhte er sich aus. Deshalb beschloß er, daß es für alle Menschen einen Ruhetag gibt, und der beginnt am Freitag um sieben und endet samstags.

Moslem: Und was bedeutet Synagoge?

Jude: Am Feiertag oder am Schabbat geht man in die Synagoge und liest die Thora.

Christ: Was ist die Thora?

Jude: Die Thora ist eine Rolle, auf der die ganze Geschichte der Juden geschrieben steht. Jeden Freitag oder an Feiertagen muß immer ein Kapitel der Thora gelesen werden. Aber vielleicht könnten wir am Sonntag ins Kino.

Christ: Am Sonntagmittag kann ich nicht, aber am Nachmittag vielleicht? Denn ich muß in die Kirche gehen und die Bibel lesen. Die Kirche ist so etwas wie die Synagoge. Nach der Kirche könnten wir ins Steakhouse gehen.

Jude: Nein, ich kann nicht mitkommen, da ich koscher bin.

Moslem: Was ist koscher?
Jude: Das bedeutet, daß man Bestimmtes nicht essen darf. Man muß das Geschirr teilen, die eine Hälfte milchig, die andere fleischig. Schwein z. B. darf man nicht essen, weil es nicht ganz ausblutet, so wie die anderen Tiere, denn sie bluten ganz aus. Wir können in ein koscheres Restaurant gehen.
Moslem und Christ: O. k., dann gehen wir in ein koscheres Restaurant.

*Maya, Danny, Anita*

## Ein Jude und ein Israeli in Deutschland

»Ich werde in diesem Bericht versuchen, die Meinung der meisten jüdischen Jugendlichen in Deutschland zu vertreten.«
»Ich als Israeli, der in Deutschland lebt, werde aus meiner Sicht das Problem der Identität erläutern.«
»Das Problem der Identität möchten viele jüdische Jugendliche nicht wahrhaben, weil sie durch Geschichten der Großeltern und Eltern über den Holocaust sich nicht mit Deutschland bzw. Deutschen identifizieren können.«
»Ich als Israeli habe das Problem der Identität nicht, denn ich habe meine Heimat, und sie ist Israel. Als Israeli kennt man das Problem der Identität nicht. Man hat sie, so kann man unvoreingenommen mit Deutschen Kontakt aufnehmen, denn man muß sich nicht mit Deutschland identifizieren. Man gehört woanders hin, ist nur vorübergehend in Deutschland, und bei einem Länderspiel zwischen Italien

und Deutschland kann man für Deutschland die Daumen halten.«

»Ich dagegen habe das Problem der Identität. Ich bin zwar seit meiner Geburt in Deutschland, fühle mich aber nicht als Deutscher. Denn Jude in den USA ist nicht das gleiche wie Jude in Deutschland. Ich, der in Deutschland geboren wurde, kann mich nicht als Deutscher fühlen. Ich kann dieses Land nicht als meine Heimat sehen, denn Deutsche haben meine Familie ausgerottet. Ich könnte nie Soldat der deutschen Armee sein. Würde ich ein deutsches Mädchen heiraten wollen, so müßte ich mich sogleich fragen: Was tat ihre Familie im Dritten Reich, waren sie Nazis? Bei der Übertragung eines Länderspiels im Fußball, Italien gegen Deutschland, würde ich wohl kaum um die deutsche Mannschaft bangen.«

Wir wollen auch die Angst, die wir in Deutschland haben, erwähnen. Wir haben nicht soviel Angst, daß so etwas wie der Zweite Weltkrieg noch einmal passiert, eher haben wir Angst, daß man uns auf der Straße verprügelt, weil wir ein Chai oder einen Davidstern tragen. Daniel und ich finden es schade, daß die jüdischen Schulen, Synagogen und manche Häuser so streng bewacht werden müssen. Fast täglich kriegen wir mit, wie andere Minderheiten wieder verfolgt werden, nur weil sie eine andere Hautfarbe oder Religion haben. Daniel und ich wünschen uns, daß Deutschland sich ändert. Wir hoffen, daß in Deutschland bald wieder Menschen, egal welcher Rasse, Hautfarbe und Religion, friedlich miteinander leben können und werden.

*Daniel und Filip*

## Sara aus Israel

Ich heiße Sara und bin 11 1/2 Jahre alt. Ich bin Jüdin. Als ich klein war, wußte ich noch nichts über Holocaust. Als mein Vater es mir erzählt hatte, glaubte ich, daß jemand mich verfolgt. Aber jetzt, wenn ich einen Film darüber sehe, dann kriege ich voll Angst und ich kann nicht schlafen, sonst habe ich Alpträume. Mein bester Traum war, daß alle Nazis sterben, und wir haben Frieden auf der Welt.

*Sara*

## Gedanken über Deutschland

Mein Name ist Michaela. Ich bin 12 Jahre alt und Jüdin. Ich bin in Frankfurt geboren. Und gehe auf eine jüdische Schule. Ich fühle mich von den Nazis bedroht. Weil sie Ausländer umbringen lassen. Die Nazis wollen die Macht über Deutschland erobern. Sie kritzeln an die Wände »Sau Juden« und ähnliches. Dann merke ich, daß ich im falschen Land bin. Deutschland gehört den Deutschen, und Juden haben hier nichts zu suchen. In Israel wäre sowas nicht passiert.
Das, was die Nazis mit unserem Volk gemacht haben, das werde ich ihnen nicht verzeihen. Sie schafften es, Deutschland für sich zu haben. Dabei brachten sie alle Juden um, die in Deutschland wohnten. Doch sollten sie nicht immer nur an sich denken, sondern auch mal an andere, denen es dann plötzlich schwer ist, Jude zu sein. Ich verlange ja nicht, daß sie uns

mögen, doch sollten sie uns einfach in Ruhe lassen. Und uns so, wie wir sind, respektieren.
Die Juden haben so viel erlitten, sie sind von den Deutschen getötet worden, und das reicht ihnen immer noch nicht.
Wir haben ihnen eigentlich gar nichts gemacht!!!!
*Ich hoffe, daß sich die Welt mal ändern wird,*
*und Frieden zwischen unseren Völkern kommt.*

*Michaela, 12 Jahre*

## Junge Juden in Deutschland

Unsere Klasse hat beschlossen, ein Thema anzusprechen, welches uns schon lange beschäftigt. Wir vier Freundinnen schreiben diesen Text, da wir wollen, daß gerade andere Kinder unsere Meinung lesen sollen.
Channah, Alisa und Jeanine sind hier in Deutschland geboren. Hilli stammt aus Israel. Wir gehen seit 6 Jahren auf die jüdische Schule und haben gute Freunde, teilweise auch christliche.
Channah: »Ich fühle mich in Deutschland mehr zu Hause als in Israel, da ich Israel nur als Ferienort kenne. Trotzdem bin ich eine stolze Deutsch-Jüdin. Ich sehe keinen Grund auszuwandern, da ich gute Freunde habe, meine Eltern Arbeit haben und meine Schwester sich hier auch wohl fühlt. Meine Mutter nennt unsere Schule ein verlängertes Wohnzimmer.«
Alisa: »Weil ich nur viermal über die Ferien in Israel war, fühle ich mich in Israel nicht zu Hause, hier habe ich meine Freunde

und Verwandte. Es wäre für mich sehr schwer auszuwandern und meine Freunde und alles zurückzulassen.«
Hilli: »Ich fühle mich in Israel zu Hause, da ich dort geboren bin und dort alle meine Bekannten und Verwandten sind. Zu Hause spreche ich Hebräisch. Ich hoffe, ich gehe zurück nach Israel, obwohl ich hier Freunde habe.«
Jeanine: »Viele Freunde von mir wollen auswandern, z. B. nach Israel oder nach Amerika. Ich persönlich kann mir nicht vorstellen, auszuwandern, da meine Eltern ihre Arbeit verlieren würden und ich meine Freunde vielleicht nie wieder sehen würde, obwohl ich Israel liebe. Ich fühle mich als Jude in Deutschland, obwohl ich Deutsche bin.«

*Channah, Alisa, Jeanine und Hilli*

Ich heiße Jasmin, bin zwölf Jahre alt und bin Jüdin. Als ich klein war, gab es einen Spielplatz gleich neben dem Nachbarhaus. Alle Kinder damals gingen dort spielen, aber wenn ich und meine Schwester dorthin gingen, beschimpfte man uns: »Haut ab, ihr Juden.« Dabei war ich erst vier Jahre alt und wußte gar nicht, warum die anderen Kinder mich anschrien. Ich habe denen doch nichts getan, dachte ich damals und ging traurig nach Hause. Erst viel später verstand ich, was los war, denn meine Mutter erzählte es mir. Ich war total entsetzt. Ich hasse Hitler wie die Pest. Durch ihn sind nämlich nicht nur sechs Millionen Juden gestorben, sondern auch acht Millionen Deutsche. Ich habe Angst, wenn ich zur Schule gehe, daß man mir was antut, weil mein Vater ein stadtbekannter Arzt ist, und jeder weiß, daß er Jude ist. Man muß die Nazis stoppen! Sie sind nicht nur brutal zu Juden, sondern auch zu Türken und überhaupt jedem Ausländer, der ihnen begegnet. Ich hoffe, daß es eines Tages endlich Frieden gibt. Das muß aber so schnell wie möglich passieren, bevor man sich auf der Erde ausrottet. Schon als Kind wurde ich bedroht. Ich finde das gemein. Alle Ausländer, egal welcher Religion, müssen jetzt zusammenhalten, um ihre Existenz zu erhalten.

*Jasmin*

Ich bin ein 12jähriges Mädchen, das euch erzählen möchte, wie es ist, wenn man in einen christlichen Kindergarten geht. Mit drei Jahren ging ich nicht – wie fast alle Kinder hier – in den jüdischen Kindergarten, sondern ich ging in einen christlichen Kindergarten. Ich wußte nicht, daß es Juden gibt oder einen jüdischen Kindergarten oder eine Schule. Ich fühlte mich als Deutsche bzw. Christin, denn ich feierte Weihnachten, ging mit dem Kindergarten in die Kirche und spielte im Krippenspiel mit. An den Feiertagen ging ich zwar mit meinen Eltern in die Synagoge, und zu Hause feierten wir auch Pessach, Jom Kippur und andere Festtage, aber ich war viel mehr mit den christlichen Sitten vertraut, weil darüber oft gesprochen wurde. Als ich zur Schule gehen mußte, entschieden meine Eltern, daß ich in die Lichtigfeld-Schule gehen sollte. Das erste Jahr war schwer, denn ich mußte mich an die neuen Kinder gewöhnen. Ich war sehr schüchtern und ängstlich. Aber die lockere Atmosphäre und meine nette Lehrerin halfen mir, mich gut einzugewöhnen. Der häufige Religionsunterricht und der Hebräisch-Unterricht brachten mich schnell meiner Religion nahe. Ich bin jetzt gerade in der sechsten Klasse und stehe vor dem Wechsel ins Gymnasium. Irgendwie stelle ich mir den Ablauf des Schulunterrichts viel strenger vor, nicht so locker wie bei uns auf der Schule. Das erinnert mich daran, wie es im Kindergarten war, nämlich sehr diszipliniert. Auf dieser Schule sind die Lehrer nicht so autoritär und immer für ein Späßchen bereit, sie kümmern sich mehr um die Schüler, und die Klassengemeinschaft ist enger. Die Klassenräume sind viel schöner als in den öffentlichen Schulen, alles ist hell und neu, die meisten öffentlichen Schulen sind in alten Gebäuden untergebracht, die Tische und Stühle sind bekritzelt und die Wände bemalt. Es wird sicher schwer sein, sich an die neue Schule zu gewöhnen und an das Verhalten der Mitschüler.

*Natalie*

Ich heiße Lily, bin 12 Jahre alt und komme aus Israel. Ich lebe schon 3 Jahre in Deutschland. Ich glaube, daß ich mich in Deutschland nie wie zu Hause fühlen werde. Nur in Israel fühle ich mich zu Hause, und ich weiß, daß Israel ein Land ist, wo wir Juden hingehören. Und in Deutschland sind wir UNERWÜNSCHT!
Ich glaube auch, daß ich irgendwann mal wieder nach Israel ziehen werde.

*Lily*

## Juden in Deutschland

Ich heiße Danny und lebe in Frankfurt. Ich bin hier geboren und hier aufgewachsen.
Seit ca. 2 Jahren fühle ich mich als Jude in Deutschland nicht mehr wohl. Denn seitdem gibt es wieder Pogrome gegen Ausländer und Juden (z. B. Schlägereien, Beschimpfungen, Grabschädigungen, usw.).
Auswandern? Das will ich schon lange! Wohin? Nach Amerika, Israel oder in die Schweiz. Aber meine Eltern meinen, daß es hier noch nicht so schlimm ist.
Viele Leute meinen, Juden seien anders. Dabei stimmt es nicht. Ich lerne wie andere Kinder und freue mich zweimal im Jahr ganz besonders. Denn im Frühling, zu Pessach, und im Herbst, zu Sukkot, fliege ich nach Israel. Dann fahren wir auch nach Jerusalem zur Klagemauer, denn dort beten wir. Ich fühle mich in Israel einfach frei. Ich fühle mich als Jude in Deutschland nicht so wohl, habe aber nicht allzuviel Angst. Es ist zwar ein komisches Gefühl, immer mit Polizeischutz in die Schule zu gehen oder in die Synagoge zu gehen, aber man gewöhnt sich daran. Ich glaube nur, im Notfall werden die uns auch nicht helfen.
Heute brennen türkische Häuser, wann brennen die jüdischen?

*Danny*

## Der jüdische Witz

Der jüdische Witz unterscheidet sich vom Judenwitz. Der »Judenwitz« ist ein rassistischer Witz über Juden. Ein »jüdischer Witz« hingegen stammt von Juden ab.
In der Weltliteratur hat der jüdische Witz seinen Platz. Er nimmt sozusagen eine Sonderstellung ein. Er ist tiefer, bitterer, dichter und sehr viel schärfer als die Witze anderer Völker. Jeder Witz hat Weisheit und ist sozusagen ein Volks- und Bildungswitz. Er ist jedem verständlich und enthält religiöse, politische, soziale und philosophische Kritik. Er ist auch niemals Witz um des Witzes willen.
Einige Beispiele.
1.) »Joine, kannst du mir erklären, was das ist: Talmud?« »Ich will es dir an einem Beispiel erklären. Ich will dir stellen eine talmudische Kasche: Zweie fallen durch einen Kamin. Einer verschmiert sich mit Ruß, der andere bleibt sauber . . . welcher wird sich waschen?« »Der Schmutzige natürlich!« »Falsch! Der Schmutzige sieht den Reinen – also denkt er, er ist auch sauber. Der Reine aber sieht den Beschmierten und denkt, er ist auch beschmiert; also wird er sich waschen. – Ich will dir stellen eine zweite Kasche: Die beiden fallen noch einmal durch den Schlot – wer wird sich waschen?« »Na, ich weiß jetzt schon: der saubere.« »Falsch. Der Saubere hat beim Waschen bemerkt, daß er sauber war; der Schmutzige dagegen hat begriffen, weshalb der Saubere sich gewaschen hat – also wäscht sich jetzt der Richtige. – Ich stelle dir die dritte Kasche: Die beiden fallen ein drittes Mal durch den Schlot. Wer wird sich waschen?« »Von jetzt an natürlich immer der Schmutzige.« »Wieder falsch! Hast du je erlebt, daß zwei Männer durch den Schlot fallen – und

einer ist sauber und der andere ist schmutzig? Siehst du: das ist Talmud.«

2.) Ein Baumstamm liegt quer über der Straße. Juden kommen in einem Fuhrwerk heran und diskutieren ergebnislos, was man tun könnte. Da kommt auf einem zweiten Fuhrwerk ein kräftiger Bauer, steigt ab, packt den Baumstamm und schiebt ihn beiseite. Jankel zu Schloime, verächtlich: »Kunststück, mit Gewalt!«

3.) Gitel liest, wie Josef von den Brüdern in ein Loch gestoßen wird. Sie weint bitterlich: »Du arme, mutterlose Waise, oj, wie schlecht ist die Welt!« Als sie aber im Jahr darauf dieselbe Stelle liest, schreit sie zornig: »Du Trottel! Du verdienst kein Erbarmen! Jetzt hast du schon gewußt, wie deine Brüder sind – und da fängst du zum zweiten Mal mit ihnen an!«

4.) Kalman erblickt am Jom Kippur, dem Versöhnungstag, seinen Konkurrenten und Feind im Betsaal. Weich und versöhnlich gestimmt durch die Sühnegebete, geht er auf den Mann zu, streckt ihm die Hand hin und sagt gefühlvoll: »Ich wünsche dir alles, was du mir wünscht!« »Fängst du schon wieder an!«, erwidert jener bitter.

5.) Kohn hat sich einen neuen Maserati gekauft. Seine Frau Sara bittet ihn inständig, den Rebbe die Broche (Segen) über den Wagen sprechen zu lassen. Kohn geht zu einem orthodoxen, altmodischen Rabbi: »Rebbe, ich habe mir gekauft einen tollen Maserati. Ich bitte dich, sprich über ihn eine Broche!« »Maserati, was ist das?« »Ein modernes, schnelles Auto mit acht Zylindern.« »Bist du meschugge? Wozu braucht ein Auto acht Kopfbedeckungen? Mit so etwas will ich nichts zu tun haben.« Kohn berichtet Sara von seinem Mißerfolg. Sara schickt ihn zu einem jungen »aufgeklärten« Reformrabbiner. »Herr Rabbiner, ich mir gekauft einen Maserati . . .« »Was Sie nicht sagen! Den mit den acht Zylindern? Ja? Darf ich einmal mitfahren?« »Gewiß, Rabbi, aber vorher sollen Sie sprechen über den Wagen eine Broche.« »Broche – was ist das?«

9.) »Blau, ich schütt Dich an mit ä Krug Wasser – und Du wirst nicht naß.« »Unsinn, das gibt es nicht.« »Wetten wir fünf Kronen?« »Gut!« Grün nimmt einen Krug Wasser und beschüttet Blau von oben bis unten. Blau schreit. »Hör auf! Wir ham doch gewettet, ich bleibe trocken?!« »Nu – hab' ich die Wette verloren.«

10.) Der kleine Moritz besucht die christliche Schule. Erste Stunde: Wirtschaftsgeographie. Der Lehrer erklärt, daß aller Handel und Wandel nur möglich ist, weil das Jesuskind seine Hand schützend über die Menschen hält. Zweite Stunde: Religion. Der Lehrer erzählt die Weihnachtsgeschichte. Dritte Stunde: Geschichte. Der Lehrer erklärt, daß bei allem Tun der Menschen das Jesuskind mit dabei ist. Vierte Stunde: Zoologie. Der Lehrer fragt: »Moritz, was ist das, sitzt auf dem Baum, hat einen buschigen Schweif und knackt Nüsse?« Moritz, mißtrauisch: »Ich hätt' ja gedacht, es ist das Eichhörnchen. Aber es wird wohl wieder das Jesuskind sein.«

*Benny und Robin*

## Gedanken und Bilder

Wir haben das Buch »Die Insel in der Vogelstraße« gelesen, und dachten uns, daß wir ein paar Bilder und einen Bericht über das Warschauer Ghetto schreiben. Nur so kann man sich das Leben von Alex, dem Helden des Buches, und vielen anderen jüdischen Kindern im Ghetto vorstellen.

Als die Deutschen Ende September 1939 Warschau besetzten, lebten dort 393.950 Juden, das war 1/3 der Bevölkerung. Im April 1940 wurde das Ghetto errichtet. Es wurde eine Mauer rund um das Ghetto gebaut. Dort wurden alle Juden aus Warschau und der Umgebung zusammengetrieben. Innerhalb von sechs Wochen mußten alle Nichtjuden das Gebiet des Ghettos verlassen.

Auf Grund der schlechten Hygiene wurden viele krank. Ab Oktober 1941 stand auf unerlaubtes Verlassen des Ghettos die Todesstrafe. Trotzdem schmuggelten jüdische Kinder Lebensmittel ins Ghetto.

Es wurden auch soziale Einrichtungen geschaffen, um Hunger und Krankheiten zu bekämpfen. Außerdem existierten Schulen und andere kulturelle Institutionen. Es wurden auch heimlich Gottesdienste abgehalten. In dieser Zeit gründete Janusz Korczak sein Waisenhaus im Ghetto; bis er zusammen mit den Kindern in das Todeslager geführt wurde.

Es wurde auch schon die jüdische Untergrundorganisation gegründet, die später für den Aufstand im Ghetto verantwortlich war.

Ab dem 22. Juni 1942 begannen die Massendeportationen nach Treblinka, zu den Gaskammern. Bis 13. September 1942 wurden ca. 300.000 Juden nach Treblinka abtransportiert, da die Deutschen die oberste Grenze der jüdischen Bevölkerung auf 35.000 begrenzten.

Die zweite Deportationswelle begann am 18. Januar 1943, als die Nazis ins Ghetto eindrangen und die Bewohner wieder

nach Treblinka schickten. Sie ermordeten alle Patienten des Krankenhauses und deportierten das Personal in die Konzentrationslager. Die Untergrundorganisation, obwohl schlecht bewaffnet, leistete erbitterten Widerstand. Er dauerte vier Tage. Das war der erste Widerstand gegen die Deutschen im besetzten Polen. Dadurch konnten in diesen vier Tagen »nur« 6.000 Juden nach Treblinka geschickt werden, 1.000 andere wurden im Ghetto ermordet.
Am 19. April 1943 rollten deutsche Panzer in das Ghetto, um dieses »endlich« judenfrei zu machen. Sie wurden durch die Untergrundbewegung wochenlang aufgehalten, bis zum 8. Mai 1943. Dann wurde das Hauptquartier der Untergrundbewegung zerstört. Trotzdem dauerte der Widerstand bis zum Juni 1943. Im August 1943 wurden die letzten Juden abtransportiert oder sofort, noch im Ghetto, ermordet.

*Filip, Danny*

## Warschauer Ghetto

Wir wollen euch über das Warschauer Ghetto erzählen. Auch wollen wir berichten, was die Juden im Ghetto erlebt haben. Sie wurden in ein Stadtviertel eingesperrt, das Warschauer Ghetto. Das Warschauer Ghetto war das größte der zahlreichen unter nationalsozialistischer Herrschaft in den besetzten Gebieten Polens und der Sowjetunion eingerichteten Zwangsghettos. Es bestand von November 1940 bis April/Mai 1943. Seit November 1939 mußten die Juden in Polen als öffentliche

Brandmarkung den Judenstern tragen, ihre Vermögen wurden beschlagnahmt, ihr Besitz enteignet.
Sie wurden aus ihren Berufen in Handel und Industrie ausgeschlossen, aus ihren Wohnungen getrieben und in neu errichtete Zwangsghettos gepfercht, unter anderem in Krakau, Lublin und Warschau.
Im Warschauer Ghetto mußten 360.000 Menschen in einem Gebiet leben, das für höchstens 160.000 Menschen groß genug war. Sie bekamen wenig zu essen, die Kinder schmuggelten Lebensmittel aus der Stadt ins Ghetto. Ende 1941 wurden die Juden aus dem Ghetto in Vernichtungslager deportiert und in Gaskammern umgebracht. Ungefähr 70.000 Menschen blieben zurück. Sie schmuggelten Waffen ins Ghetto und leisteten der SS Widerstand. Die SS ging gegen die Ghettobewohner mit Panzern vor. Vier Wochen dauerte der Aufstand der Juden. Am 16. Mai 1943 war das Warschauer Ghetto zerstört. Fast alle Menschen, die dort noch gelebt hatten, wurden getötet. Im Verlauf der Jahre 1943/44 wurden alle Zwangsghettos in Polen und Sowjetunion aufgelöst.

*Alisa, Simon, Hilli, Daniel*

## Leute

Leute, die an der Mauer stehen.
Leute, die lieber gehen.
Leute, die dort nicht stehen wollen.
Leute, die dort stehen sollen.

Leute, die nur die Mauer sehen.
Leute, die ihren Tod schon vor Augen sehen.
Leute, die vor Angst schon weinen.
Leute, die ganz normal scheinen.
Leute, wie du und ich.

## Menschen

Menschen, auf die er schießen muß.
Menschen, die tötet jeder Schuß.
Menschen, die er nicht kennt.
Menschen, die sind doch nicht so fremd.
Menschen, die noch leben wollen.
Menschen, die von ihm aus nicht leben sollen.
Menschen, deren Hände an der Mauer kleben.
Menschen, denen er sagt, sie sollen die Hände heben.
Menschen, wie ich und du.

## Wir

Wir, die denken, es sollte nie mehr geschehen.
Wir, die denken, man sollte es nie mehr sehen.
Wir, die denken, man sollte es nicht vergessen.
Wir, die denken, manche sind vom Rassismus besessen.
Wir, die denken, über verschiedene Rassen.
Wir, die denken, man sollte sie nicht hassen.
Wir, die uns fragen, wieso hat man's gemacht?
Wir, die uns fragen, wer hatte die Macht?
Wir, die darüber denken.

*Dani und Robin*

## Die Angst im Ghetto

Auf dem Bild sieht man im Vordergrund einen Jungen mit erhobenen Armen. Er hat eine Mütze auf und trägt einen Mantel, an dem ein gelber Judenstern befestigt ist. Das Gesicht des Jungen ist traurig und angsterfüllt. Hinter ihm steht ein deutscher Soldat mit einem Gewehr. Neben dem Jungen sieht man noch andere Kinder und Frauen. Alle haben betrübte und angstvolle Gesichter.
Wenn ich dieses Bild sehe, denke ich voller Angst, daß ich eigentlich auch der Junge sein könnte. Dieser Junge wußte wahrscheinlich nicht, warum das alles geschieht. Aber er wußte sicher, daß er Jude war und er deshalb in dieser Lage war. Aber was konnte er dafür, daß er Jude war, oder daß seine Eltern Juden waren? Das dürfte doch kein Grund sein, auf ihn zu schießen. Nur weil er eine andere Religion hatte? Ich finde es erschütternd, daß Tausende von Menschen zu diesem Wahnsinn fähig waren.
Das Bild erinnert mich sehr an das Buch »Die Insel in der Vogelstraße«. In dem Buch wird erzählt, wie Alex, die Hauptperson in dem Buch, deportiert werden sollte. Er wird auch von Soldaten bedroht. Dabei hat er fürchterliche Angst, kann aber entkommen.

*Rafael*

Der Junge – der die Hände hebt,
Der denkt – die ganze Erde bebt.

Er zittert um sein Leben,
Wie lange wird es das noch geben?

Der Junge fühlt sich hilflos,
Was soll er machen bloß?

Was wird nun mit ihm geschehen,
Wird er den Morgen wiedersehen?

Ist das noch ein Krieg,
Wenn man Kinder sterben sieht?

Kinder - wie du und ich!

Der Deutsche - der schießt auf das Kind,
Er möchte es schlachten - wie ein Rind.

Der Soldat hat ein Herz aus Stein,
Er schießt auf das Kind ein.

Für das Kind ist das eine Qual,
Aber dem Soldat ist das egal.

Kein Soldat - der etwas dagegen sagt,
Kein Soldat - der sich vielleicht fragt.

Ist das noch ein Krieg,
Wenn man Kinder sterben sieht?

Kinder - wie du und ich!

*Dani und Benny*

## Hinter der Ghettomauer

Die Warschauer Ghettomauer aus Holz und Stein trennte die Menschen voneinander, so wie sie auch Alex von den Polen trennte. Für ihn war dieses Hindernis unüberwindbar, weil die Deutschen im Ghetto herumliefen und nach Verstecken suchten. Von Bolek erfuhr er aber einen geheimen Übergang zum polnischen Sektor.
Zitat:
»Die Ghettomauer versperrte uns die Aussicht auf die Läden, die uns gegenüber lagen. So schauten wir immer sehnsüchtig auf die Fenster in den oberen Stockwerken.« (S. 34, Zeilen 15-18)
Hinter dieser Ghettomauer war ein ganz anderes Leben für ihn. Auf Alex' Seite gab es kein Leben.

*Daniel, Jörg, Anita, Michaela*

## Juden im Zweiten Weltkrieg

Alle Juden mußten einen Davidstern tragen, damit sie erkannt werden konnten. Im kalten Winter mußten sie ihre Häuser verlassen, um sich einen Platz zu suchen, an dem sie sich verstekken konnten. Es gab sehr viele Straßen, in denen sehr viele Juden wohnten. Sie hatten in den Straßen ihre Geschäfte und Restaurants. Die Juden waren in dieser Zeit meistens unter sich. Die Juden hatten nicht mehr genügend Geld, um sich warm genug zu kleiden. Es war so kalt, daß die Menschen sogar erfroren. Im jüdischen Viertel fühlten sich die Juden nicht mehr sicher. Sie versuchten zu fliehen, aber wurden immer wieder von den Nazis gefunden. Jeden Tag mußten sie damit rechnen, daß die Nazis in ihre Häuser eindringen und sie zerstören oder sie ins Ghetto stecken würden.

Menschen, die schwer leiden mußten,
und den Tod schon im voraus wußten.
Es war kalt und Frost,
die Menschen fanden zu ihrem Leid keinen Trost.

*Jasmin und Sara*

**Das Leben im Warschauer Ghetto**

Wir haben das Buch »Die Insel in der Vogelstraße« gelesen und haben ein Bild ausgesucht, das zum Buch paßt. Jetzt wollen wir ein bißchen über dieses Buch erzählen und dieses Bild beschreiben.
Warschauer Ghetto 1943:
Vielleicht ist der Junge, der auf dem Bild ist, wie Alex. Wahrscheinlich sind seine Eltern auch wie Alex' Eltern deportiert worden. Vor den Augen des Jungen passiert dasselbe jeden Tag. Jeden Tag stehen vor dem Geschäft eine Menge Leute. Sie hoffen, daß sie eine Scheibe Brot kriegen. Fast alle gesunden und jüngeren Leute waren zur Arbeit gezwungen. Die kranken und alten Leute wurden auf der Stelle erschossen. Aber einige haben sich Verstecke gebaut – so wie der Alex. Die Familie von Alex hatte Angst, daß sie zur Arbeit gezwungen würde. Eines

Tages ist es geschehen. Die Mutter ging ins Geschäft und kam nicht zurück. Und später wurde der Vater zur Arbeit geschickt. Unsere Meinung ist: Dieser Junge könnte ein genau solches Schicksal haben wie Alex. Der Junge kann sich nicht vorstellen, was ihn in seiner Zukunft erwartet, er vermutet nicht, wann der Krieg zum Ende kommt. Wir wissen nicht, ob der Junge seine Eltern findet. Wir wissen nicht, ob er sie überhaupt wiedersieht, ob er den Krieg überlebt.

*Marina und Elisabeth*

## Zwei zertrennte Welten

Dieses Bild erinnert mich an Alex in der Vogelstraße. Alex saß in seinem Versteck und hatte genauso einen Ausblick in den polnischen Sektor. Dieses Bild zeigt, daß es im Ghetto ganz still war und man Geräusche von Autos und Straßenbahnen, laute Schritte und Stimmen vom polnischen Sektor hören konnte. Kinder liefen zur Schule, Erwachsene gingen zu ihrer Arbeit. Das Leben ging weiter im polnischen Sektor. In Wirklichkeit waren es nur ein paar Meter vom Ghetto bis zum polnischen Sektor zu Fuß. Aber die Mauer zertrennte das Ghetto und den polnischen Sektor in zwei Welten. Alex konnte fast mit seinen eigenen Händen den polnischen Sektor greifen. Aber er mußte den Hausmeister bestechen und bezahlen und sich verstecken, um in den polnischen Sektor zu kommen. Die polnischen Leute wußten, daß die Mauer für sie wie eine Grenze war, nur bis dahin und nicht weiter. Das Ghetto war für sie ein ganz anderer Ort. Für Juden aber war das Ghetto wie ein Knast, und der polnische Sektor war für sie die Freiheit.

*Dennis*

## Verzweiflung

Wenn ich dieses Bild sehe, bekomme ich Mitleid. Auf diesem Bild sieht man eine Mutter mit ihrer weinenden Tochter. Der Ausdruck in den Augen des Mädchens ist Hungersnot und Verzweiflung. Ich weiß nicht, was ich tun würde, wenn ich an deren Stelle wäre. Die Mutter des Mädchens unterdrückt die Tränen in ihren Augen. Beide sehen sehr mitleiderregend aus. Ich glaube, die Mutter bettelt um Essen, Trinken und Geld. Beide stehen an einem Geschäft und sehen Tausende von Menschen, die mehr Geld haben als sie selbst. Mutter und Tochter sehen, wie Menschen selbstsüchtig sein können und an der Armut anderer vorbeigehen, ohne Interesse zu zeigen.

*Björn*

## Die Wahrheit

Isidor Herskovitz kam im Juni 1944 in Auschwitz an. Auf dem Bahnsteig von Auschwitz wurde er in eine Reihe mit anderen Menschen sortiert. Seine Mutter und seine ältere Schwester kamen in eine andere Reihe. Seine Reihe marschierte los. Als er zwei Stunden später einen SS-Mann fragte, wo er seine Schwester und seine Mutter finden könne, zeigte er auf den Schornstein der Gaskammer und sagte: »Übermorgen dort oben.« Könnt ihr euch vorstellen, wie weh ihm dieser Satz getan hat? Diese Geschichte ist wahr.

*Janine*

## Die Wahrheit

In der sogenannten Reichskristallnacht brannten in ganz Deutschland die Synagogen, und jüdische Geschäfte wurden geplündert. Wegen des Glases der zerschlagenen Schaufenster nennt man die Nacht Reichskristallnacht.
Ein Bericht:
Als mein Mann und meine Söhne am Samstag, den 9. November, in die Synagoge gehen wollten, kamen sie jedoch schon nach einer halben Stunde zurück.
»Die Synagoge am Bremenplatz brennt«, schrie mein Mann zu mir. Man hatte ihnen vor der brennenden Synagoge Schimpfwörter wie Judenschwein und andere Worte gesagt.
Zuletzt sahen sie, wie ein Mann, der sich verteidigen wollte, zusammengeschlagen wurde.
9. November 1938, ein Bericht aus Frankfurt.
Was war wohl mit Alex in der Kristallnacht?

*Janine*

## Die Wahrheit

1. Bericht:
Im KZ-Lager Stutthof in der Nähe von Danzig folterte und ermordete man die Juden. Schon in der Mitte des Zweiten Weltkrieges haben die Deutschen in Deutschland sich mit Seife aus dem Fett der Juden gewaschen und diese auch verkauft.
2. Bericht:
Ilse Bock machte aus tätowierten Kindern Lampenschirme.

## Die Wahrheit

Miriam Neufeld hat mir erzählt:
Man hat sie in einen Bunker gesperrt, und sie mußte Schrauben für Flugzeuge bauen und auch Kartoffeln schälen, und einmal bekam sie zu essen.
Sie mußte von 6 Uhr früh bis 9 Uhr abends arbeiten.

Fischel Neufeld hat mir erzählt:
Er war in Hannover im Lager Alem, und er mußte in einem der Stollen arbeiten. Er hat oft Schläge bekommen. Er war 15 Jahre alt.
Seine Eltern und Geschwister hat man im Ghetto umgebracht.
Er ist allein am Leben geblieben.

*Lily, Channah, Janine*

## Wo meine Großeltern waren

Mein Opa war in Auschwitz. Dieses Vernichtungslager liegt in Polen. Zuvor lebte mein Opa auch in Polen. Er lebt noch und mit ihm nur noch ein einziger Bruder. Das heißt, es sind also so viele umgekommen, daß fast niemand überlebt hat. Sie waren 12 zu Hause, und der letzte Bruder kam auch um, aber durch eine Krankheit oder Altersschwäche.
Mein Opa und sein Zwillingsbruder kamen 1940 in ein Arbeitslager. Dort wurde mein Opa vor Hunger sehr krank. Sein Zwillingsbruder ging daher aufs Feld, um Kartoffeln zu stehlen. Dabei wurde er von einem Traktor tödlich verletzt. Mein Opa begrub ihn am nächsten Tag hinter deren Baracke. Danach wurde er nach Auschwitz gebracht, wo er schlimme Zeiten erlebte. Er arbeitete außerhalb des Lagers beim Schienenbau. Am Ende des Krieges mußte er am Totenmarsch teilnehmen. Da marschierte er drei Monate Tag und Nacht. Bis die Amerikaner ihn und die anderen Leute befreiten. Seine übrige Familie: Ehefrau, 6 Geschwister, Sohn und Eltern wurden mit dem Lodzer Ghetto nach Auschwitz gebracht und ermordet (letzter Transport).

## Oma

Meine Oma war in Bergen-Belsen. Sie lebte zuvor in Lodz. Meine Oma, die von dem ganzen Krieg sehr krank wurde, hatte eine große Familie. Sie waren 12 zu Hause. Sie trauert aber immer wieder um ihre kleinen Kinder, die sie im Krieg verloren hat. Zwei und vier Jahre waren sie alt. Sie sagt auch manchmal Namen: Josische, Awram, Surek, Rifka. Ihr Vater war Rabbiner.

. . . und noch etwas:

Nicht etwa sie haben mir das erzählt, sie wären viel zu traurig geworden. Ich habe da und dort etwas mitbekommen. Aber die schlimmsten Sachen lasse ich aus.

### Meine Mutter und Tante

Meine Mutter hatte keine schöne Kindheit. Es sind noch zu viele Erinnerungen vom Krieg hängengeblieben. Meine Mutter und meine Tante hatten große Ängste. Meine Tante ist drei Jahre älter als meine Mutter. Beide wurden ausgelacht, weil sie Juden sind.

### Verdecken

Mein Opa verdeckt oft seine Nummer mit einem Pflaster oder mit langen Ärmeln. Meinem Opa wurde die Nummer mit einer Nadel in die Hand eingeritzt. Seit er in Israel wohnt, verdeckt er die Nummer nicht mehr.

### Deshalb:

Meine Großcousine hat einen Hund. Mein Opa hatte im Krieg auch einen Hund. Er wurde von der SS getreten und vor Opas Augen erschossen. Bis gestern hatte mein Opa nichts mehr mit

Hunden zu tun, denn es hat ihn zu sehr an den Krieg erinnert. Doch gestern spielte er wieder mit einem Hund.

## Wie sie es gerne hätten!

Mein Opa erzählte mir mal, wie er und meine Oma sich kennenlernten. Es war eine schöne Sommernacht und mein Opa ging auf einer Brücke spazieren. Er kam von rechts und meine Oma von links. Sie fanden einander hübsch und interessant. Unter ihnen lag ein Fluß mit kleinen Booten und Seerosen. Sie grüßten einander, und meine Oma machte einen Knicks. Sie sahen sich immer öfter und verliebten sich . . .
Mein Opa lachte, als er mir dies erzählte. Aber das war nicht sein Lachen, nicht sein echtes Lachen.
Beide waren schon mal vor dem Krieg verheiratet.

*Channah*

## Ähnlichkeit mit Alex

Mein zweiter Opa starb auch einige Zeit nach dem Krieg. Er war bei einer christlichen Familie drei Jahre lang in einem Keller versteckt. Seine Familie ist tot, außer uns und einem Bruder. Bei Alex ist es ähnlich. Die Mutter ist tot, er versteckte sich in einem Wandschrank. Als die SS nach meinem Opa suchte, versteckte sich mein Opa auch in einem Wandschrank. Aber beide kämpften bis zum Ende des Krieges. Bei Alex ist die

Zuneigung zu Staschia da, bei meinem Opa meine Oma. Vorher waren beide im Ghetto und versteckten sich dort, und durften nur zu gewissen Orten hingehen.
Ihr müßt Euch mal vorstellen, drei Jahre nicht ein einziges Mal das Tageslicht sehen!

## Der Jüdische Friedhof am Glehner Weg in Neuss

*von Daniel und Christian*

*Vorwort*

Warum haben wir diese Arbeit gemacht?
Weil wir Lust hatten, eine Arbeit zu schreiben, und dieses Thema sehr interessant fanden. Außerdem kennt einer (Daniel) von uns Herrn Dr. Zwi L., einen Israeli, der so freundlich war, uns zu helfen. Er ist mit uns auf den Friedhof gegangen, er hat uns die hebräischen Texte übersetzt und uns vieles erklärt.

*Das Leben der Juden in Neuss und der jüdische Friedhof*

Wichtige Aspekte des Lebens der Juden in Neuss spiegeln sich im Aussehen und in den Inschriften der Grabsteine wider. Wir wollen zuerst die wichtigsten historischen Ereignisse und ihre Auswirkungen aufzeichnen. Danach versuchen wir, die Spuren, die diese Geschehnisse hinterlassen haben, zu deuten.

Wir sind zu der Überzeugung gekommen:
An den Grabsteinen kann man die Geschichte und das Leben der jüdischen Gemeinde in Neuss ablesen.

*Historischer Hintergrund*

Spätestens in der zweiten Hälfte des 12. Jahrhunderts haben sich die ersten Juden in Neuss niedergelassen. Doch schon Ende des Jahrhunderts wurden wegen des Vergehens eines einzelnen Juden viele Glaubensgenossen umgebracht, ihr Vermögen fiel an das Volk. In den Jahren 1348/49, der Zeit der großen Pest, kam es zu einer grausamen Judenverfolgung. Es war die schrecklichste Judenverfolgung Mitteleuropas vor dem 20. Jahrhundert. Man glaubte, daß Juden durch Brunnenvergiftung die Seuche verbreitet hätten. Jenes führte dazu, daß letzten Endes 1463 die Juden aus Neuss vertrieben wurden. Die Synagoge wurde zuerst in eine Kapelle, dann in ein normales Wohnhaus umgewandelt.
Die große Änderung kam mit Napoleon, der 1794 die linksrheinischen Gebiete eroberte. Allerdings wurde wahrscheinlich erst 1800 durch die napoleonische Verfassung das Verbot für Juden aufgehoben. 1808 wurde eine jüdische Familie in der Stadt ansässig. 1810 gab es schon eine kleine Gemeinde in Neuss. 1814 wurden Napoleons Truppen besiegt, und damit war die Gleichberechtigung der Juden vorbei. Bald ertönte auf der Straße der Ruf. »Hep, Hep, Jud' verreck'!« (HEP: Hierosolima esse perduta, d. h. Jerusalem soll verloren sein.) Dieser Ruf war wie ein Omen: Den Juden in Neuss ging es zusehends schlechter; fast alle hatten Mühe und Not, ihre vielköpfige Familie zu ernähren. Außerdem verdoppelte sich bis 1830 die jüdische Bevölkerung und daher

wurde die Zahl der Toten größer. Der kleine Friedhof, der 1810 gegründet worden war, reichte nicht mehr aus. So wurde am Glehner Weg ein neuer Friedhof gegründet: Der Friedhof, mit dem wir uns befassen.

Die Blütezeit der Juden in Deutschland kam durch Bismarck. Er war ein entschiedener Kämpfer für die Gleichberechtigung der Juden und gab ihnen alle Bürgerrechte. 1881 äußerte sich Bismarck folgendermaßen über den Antisemitismus: »Ich mißbillige ganz entschieden diesen Kampf gegen die Juden, sei es, daß er auf konfessioneller oder gar auf der Grundlage der Abstammung sich bewege. Mit gleichem Rechte könnte man eines Tages über Deutsche von polnischer oder französischer Abstammung herfallen wollen und sagen, es seien keine Deutschen . . . Ich werde niemals darauf eingehen, daß den Juden die ihnen verfassungsmäßig zustehenden Rechte in irgendeiner Weise verkümmert werden . . .« Diese Gleichberechtigung führte zu einer Integration, ja, sogar in vielen Fällen zu einer Assimilation der Juden in Deutschland, die ein abruptes Ende in der Hitlerzeit gefunden hat. Ab 1933 wurde ein Gesetz nach dem anderen gegeben, das die Existenz der Juden beeinträchtigte. Und schließlich wurden die Neusser Juden am 26. 10. 1941 nach Lodz, am 11. 12. 1941 nach Riga und am 22. 7. 1942 nach Theresienstadt »evakuiert«, wie es damals hieß. Kurz danach wurde der Friedhof geschlossen und mutwillig verwüstet.

*Die Grabsteine*

Der älteste Grabstein auf diesem Friedhof ist, laut Stefan Rohrbacher, 1845 errichtet worden. Wir möchten allerdings darauf

hinweisen, daß es auch einen zwar guterhaltenen, aber liegenden Grabstein aus dem Jahre 1835 gibt.
Die Grabsteine aus den ersten Jahrzehnten waren meistens niedrig, bescheiden und ohne Verzierungen. Die Inschriften enthielten nur hebräische Buchstaben. Man kann daraus schließen, daß die jüdische Bevölkerung in jener Zeit sehr arm war. Der Verzicht auf lateinische Buchstaben zeigt ihre Treue zur Tradition.
Spätere Grabsteine zeigen die Folgen der Gleichberechtigung und der Emanzipation. Die Steine sind groß, manchmal monumental, mit dekorativen Elementen (z. B. Rose, Vogel), die teilweise den jüdischen Sitten fremd sind. Allmählich verdrängt die deutsche Sprache die Hebräische, bis nur noch die Anfangsbuchstaben von: »Hier liegt begraben« übrig bleiben.

Die meisten gut bezahlten Arbeiten wurden früher den Juden verboten. Später, durch die Gleichberechtigung, erhielten sie die Möglichkeit, sich hochzuarbeiten. Daher konnten sie sich große Grabsteine erlauben. Die Übernahme der deutschen Sprache in den Inschriften deutet auf eine zunehmende Assimilation. Außerdem war die Sprache der Inschriften meistens an den Stil der Zeit angepaßt, z. B. der hebräische Text, hier in deutscher Übersetzung, auf dem Grabstein von Frau Sara Stein:

Hier ruht
die keusche und gerechte Frau,
die Krone ihres Ehemannes,
und der Stolz ihrer Kinder,
Frau Sara, die Tochter von R' Moshe Halevi,
verstorben am 22. Ssivan 5666 (1906, christliche Zeitrechnung)

Die Sprache ist bildhaft, geschnörkelt und lobend. Jedoch ist der auf deutsch verfaßte Text schlicht formuliert:

Hier ruht unsere innig
geliebte Gattin, Mutter,
Schwieger- und Großmutter,
Frau Sara Stein
geb. Salm
geb. 4. Aug. 1836
gest. 15. Juni 1906.
Sie ruhe sanft.

Ein Beispiel für die langsame Eindeutschung ist das Grab der Frau Simons aus dem Jahre 1883. Auf der Vorderseite wird ausschließlich Deutsch geschrieben. Allerdings wird auf der Rückseite Hebräisch geschrieben, was bedeutet: nach außen hin hatte sie sich angepaßt, aber trotzdem hing ihre Seele an den alten Traditionen.

Wie wir schon im »Historischen Hintergrund« erwähnt haben, waren die Juden in jener Zeit assimiliert. Ihr Patriotismus zeigt sich in ihrem Willen, für das Vaterland zu kämpfen. Auch auf diesem kleinen Friedhof mit 212 Gräbern befinden sich 2 Gräber von Soldaten, die im Ersten Weltkrieg gefallen sind.
Auf diesem Friedhof sind auch Spuren von dem Holocaust zu erkennen. Einmal dadurch, daß der Grabstein Paul Mendels (gestorben und begraben im Jahre 1934) zugleich ein Gedenkstein für seine Eltern ist, die 1942 im Ghetto Riga gestorben sind. Außerdem dadurch, daß nach 1941 keine Grabsteine errichtet wurden.

Erst ab 1965 wurden wieder neue Grabsteine errichtet. Es ist ein Zeichen, daß sich das Leben der Juden in Deutschland normalisiert hat.

*Nachwort*

Wie schon gesagt, kann man an den Grabsteinen die Geschichte des jüdischen Volkes ablesen. Und das, was man dort abliest, ist alles andere als befriedigend. Zuerst waren die Juden arm (kleine Grabsteine), weil sie nicht alle Berufe betreiben durften. Danach brach eine verhältnismäßig schöne Zeit für sie an. Aber diese Zeit dauerte nur kurz. Die Hitlerära begann. Unter ihm wurde »saubere Arbeit« geleistet. Ende 1942 war die Stadt Neuss »judenrein«. 119 bis 168 Juden sind ermordet worden. Und diese Vergangenheit können wir und dürfen wir nicht abstreifen. Denn wenn wir die Vergangenheit vergessen, wird sie sich wiederholen. Anders gesagt:
Das Geheimnis der Erlösung heißt Erinnerung.

*Anhang*

Hier haben wir einige der wichtigsten Informationen über die Bestattungsriten, die Umrechnung der jüdischen Jahreszahl und über die Inschriften und Motive auf einem typischen Grabstein zusammengestellt.

Die Bestattungsriten

a. Der Sarg wird nach ganz bestimmten Regeln gebaut:
   - Es dürfen keine Nägel im Sarg sein, und er darf nicht geschnitzt werden, da er dabei mit Eisen oder einem anderen Material in Berührung käme, aus dem Waffen gemacht werden können. Also besteht der Sarg lediglich aus ein paar Brettern.
   - Er wird mit einem großen Laken ausgelegt.
b. Wenn der Tote ein Mann ist, so wird sein Tallith (ein Tallith ist ein Gebetsschal) mit in den Sarg gelegt und umhüllt den Toten.
c. Beim Toten wird Wache gehalten. Dabei werden Stellen aus der Bibel und Gebete vorgelesen.
d. Wenn der Sarg zum Friedhof getragen wird, so trägt man ihn auch an der Synagoge vorbei, denn diese war ja einst auch für ihn das Beth Haknesset (Haus der Zusammenkunft). Dort wird dann meist auch eine kurze Pause eingelegt, damit der Tote dem Haus einen letzten Gruß darbringen und vom Haus ein letztes Lebewohl entgegennehmen kann. Übrigens, jeder Angehörige trägt während des ganzen Zuges den Sarg mindestens einmal. Auf dem Friedhof wird dann dem Toten ein Säckchen Erde aus Israel entweder unter den Kopf geschoben oder lose darüber gestreut. Dann wird der Sarg in die Tiefe gesenkt. Damit ist die Zeremonie beendet.

## Die Umrechnung der jüdischen Jahreszahlen in die christlichen

Übersetzt man die Jahreszahl auf einem Grabstein, so kommt eine sehr große Zahl heraus. Das kommt daher: Die Zeitrechnung der Juden begann im Jahre 3761/3760 v. Chr. Um die heutige Jahreszahl auszurechnen, muß man folgende Rechnung machen: Zum Beispiel, Herr Isaak Winter ist im Jahre 5618 jüdischer Zeitrechnung gestorben. Um sein Todesjahr auszurechnen, müssen wir folgende Rechnung machen: 5618 - 3760 - 1858. Im Jahr 1858 christlicher Zeitrechnung ist Herr Isaak Winter also gestorben.

## Die Bedeutung der jüdischen Zahlen

3 + 50 + 300 + 400 + 5000 = 5753
(1993 unserer Zeitrechnung)

Diese zwei Buchstaben bedeuten: Hier liegt begraben.

Die fünf Buchstaben bedeuten:
Soll seine Seele im Bund des ewigen Lebens aufgenommen werden.

ת נ צ ב ה

Bedeutung einiger Symbole auf Grabsteinen:

a) Hände: Der Begrabene gehört zu einer Priesterfamilie (»Cohen«)
b) Kanne: Wenn eine Kanne auf einem Grabstein zu sehen ist, so ist der Tote, dem dieser Grabstein gehört, ein Levi.
c) Außerdem gibt es noch viele Motive, die aber nur zur Dekoration vorgesehen sind, wie: Davidstern, Adler, Sonne, Sanduhr, Rosenschale und einige andere.

Unsere Quellen

1.) Juden in Neuss, Stefan Rohrbacher, Verlag Galerie Küppers, Neuss
2.) Grenzsteine des Lebens, Michael Brocke/Hartmut Mirbach, Mercator-Verlag
3.) Der gelbe Stern/Judenverfolgung in Europa 1933-1945, Gerhard Schoenberner, C. Bertelsmann-Verlag

4.) Jüdischer Glaube, Kurt Wilhelm, Deutsche Buch-Gemeinschaft
5.) Jüdische Glaubenswelt, Leo Hirsch, C. Bertelsmann-Verlag
6.) Jüdische Riten und Symbole, S. Ph. De Vries, rororo
7.) Meines Bruders Hüter, Israel Bernbaum, Verlag Roman Kovar
8.) Was jeder vom Judentum wissen muß, Arnulf H. Baumann, Gütersloher Verlagshaus
9.) Jüdisches Lexikon (5 Bände), Jüdischer Verlag Berlin (1927/1929)

# Glossar

*Bar-Mizwa:* Mit 13 Jahren wird ein jüdischer Junge Bar-Mizwa. Das bedeutet, daß er im religiösen Sinn erwachsen wird, bei allen rituellen Handlungen in der Synagoge oder zu Hause die Rechte und Pflichten eines Mannes wahrnimmt. Zu seinem 13. Geburtstag wird er das erste Mal während des Gottesdienstes aufgerufen, aus der Thora (den fünf Büchern Moses) zu lesen. Hierauf bereitet er sich meistens ein ganzes Jahr vor. Aus diesem Anlaß wird ein besonderes Fest gefeiert.

*Bat-Mizwa:* Mädchen werden bereits mit 12 Jahren Bat-Mizwa, gelten im religiösen Sinne als Frau und übernehmen Rechte und Pflichten der Frauen innerhalb der Gemeinde.

*benschen:* Jiddisches Wort für segnen.

*Bislis:* Eine Art Chips in Form von Lockennudeln aus Maismehl, die in Israel hergestellt werden.

*Bracha* (im Jiddischen *Broche):* Segen.

*Chai:* Das hebräische Wort für Leben; es bedeutet gleichzeitig die Zahl 18, die deshalb als Glückszahl gilt. Der Schriftzug wird oft als Anhänger um den Hals getragen.

*Challe:* Jiddisches Wort für das Schabbatbrot. Zum Schabbattisch gehören zwei in der Regel aus vier Strängen geflochtene Weißbrotzöpfe, die mit Mohnsamen bestreut sind.

*Chanukka:* Bedeutet Einweihung, wird aber meist mit dem Begriff Lichterfest übersetzt und findet in der Regel im Dezember statt. Es erinnert an den Befreiungskampf der Makkabäer, die im Jahr 164 v. d. Z. die syrisch-hellenistischen Besatzer aus Judäa vertrieben und den Tempel in Jerusalem wieder einweihten.

*Davidstern:* Sechseckiger Stern, der aus zwei umgekehrt übereinandergelegten Dreiecken gebildet wird. Er war das Symbol von König David, das er u. a. auf seinem Schild trug. Deshalb heißt er in Hebräisch auch Magen David - Schild Davids. Er wurde zum Symbol der Juden schlechthin und vor allem in Europa zu ihrer Kennzeichnung durch die nichtjüdische Umwelt benutzt. Er taucht häufig als Ornament in jüdischen Sakralbauten oder religiösen Büchern auf und wird heute vor allem als Schmuckstück getragen.

*Hebräisch:* Damit bezeichnet man die Sprache, in der u.a. die Thora (die fünf Bücher Moses) und der Tenach (die Bibel) geschrieben wurden und die heute in Israel wieder gesprochen und von jüdischen Kindern überall auf der Welt gelernt wird.

*Jom Kippur:* Versöhnungstag. Er wird 10 Tage nach Rosch Haschana, dem jüdischen Neujahrsfest, im Herbst begangen. Es ist ein Tag der Besinnung und Abrechnung, an dem die Menschen Rechenschaft vor sich und Gott über das vergangene Jahr ablegen, um Vergebung bitten und sich mit ihren Mitmenschen versöhnen sollen. Am Jom Kippur wird von Sonnenuntergang bis Sonnenaufgang gefastet.

*Jouch:* Eine kleine Fleischbrühe, meistens Hühnerbrühe, bei der die kleinen Gewebefetzen, die während des Kochens an die Oberfläche steigen, abgeschöpft werden. Diese Brühe wird traditionell beim Schabbatessen am Freitagabend mit *Lokschen* (Nudeln) gegessen.

*Kasche:* Das jiddische Wort für eine Frage, die häufig nicht zu beantworten ist.

*Lokschen:* Nudeln

*Lattkes:* Jiddisches Wort für Kartoffelpuffer. Sie gehören zu den traditionellen Speisen von Channukka. Zur Erinerung an das Wunder mit dem Ölkrug werden zu diesem Fest Speisen gereicht, die in Öl gebacken oder gebraten werden (s. Channukka).

*Mazza* (im Jiddischen *Mazze):* Ungesäuertes Brot (s. a. Pessach).

*Menora:* Name für einen fünf- oder siebenarmigen Leuchter. Der siebenarmige Leuchter wird zuerst in der Thora im Zusammenhang mit der Ausstattung des Stiftzeltes bzw. später des Tempels in Jerusalem erwähnt. Er wurde zum Emblem des Staates Israel.

*milchig und fleischig:* Zum Judentum gehören umfangreiche Speisegesetze, die den Gebrauch von Lebensmitteln vorschreiben und den Verzehr bestimmter Tierarten verbieten. Man umfaßt diese Speisegesetze mit dem Begriff Kaschrut, von dem sich das Wort koscher – den Speisegesetzen entsprechend – ableitet. Die bekanntesten Regeln sind das Verbot von Schweinefleisch und daß Fleischprodukte und Milchspeisen nicht gemeinsam und nur in einem vorgeschriebenen zeitlichen Abstand voneinander verzehrt werden dürfen.

*Moschiach:* Messias

*Omer:* Die Zeit vom ersten Pessachtag bis zum Beginn von Schawuot – dem Wochenfest – beträgt 50 Tage und wird Omerzeit genannt. Es ist die Zeit nach der Frühjahrsaussaat, in der täglich um Regen und eine gute Ernte gebetet wird.

*Pessach:* Wird eine Woche lang im Frühjahr gefeiert und erinnert an den Auszug der Juden aus Ägypten vor ca. 3.500 Jahren. An den ersten beiden Abenden des Festes (in Israel nur am ersten) werden während eines festlichen Mahles besondere Speisen gegessen, die Symbole für Knechtschaft und Befreiung sind, sowie die Geschichte des Auszuges erzählt. Während der ganzen Pessachwoche wird nichts Gesäuertes, vor allem kein gesäuertes Brot gegessen. Anstelle dessen ißt man *Mazza* – ungesäuertes Brot.

*Purim:* Ein Fest im Frühjahr, an dem sich vor allem die Kinder verkleiden. Es erinnert an die Geschichte der Königin Esther, die Frau des persischen Königs Ahaschweros – wahrscheinlich Xerxis –, die durch ihr mutiges Handeln die Juden des persischen Reiches vor der Ermordung durch die Anhänger Hammans, des obersten Ministers von Persien errettete. Purim bedeutet Lose. Hamman hatte mit Hilfe des Ziehens von Losen den Tag der Ermordung der Juden bestimmt.

*Rabbiner* (in Jiddisch *Rebbe):* Gelehrter; das geistige und religiöse Oberhaupt einer jüdischen Gemeinde.

*Schabbat:* Im 1. Kapitel der Thora (1. Buch Mose) steht in der Schöpfungsgeschichte, daß Gott, nachdem er die Welt und seine Bewohner erschaffen hatte, am 7. Tage ruhte und diesen Tag segnete. Er gebot den Menschen, das Gleiche zu tun. Er beginnt direkt nach Sonnenuntergang am Freitagabend und endet mit dem Sonnenuntergang am Samstag, so wie alle jüdischen Feiertage am Abend beginnen und enden, was sich ebenfalls aus der Schöpfungsgeschichte ableitet. Am Schabbat wird nicht gearbeitet. Er ist, obwohl er jede Woche wiederkehrt, der höchste jüdische Feiertag, da er als erster in der Thora genannt wird und auch in den 10 Geboten niedergeschrieben steht. Das Wort Schabbat leitet sich von dem hebräischen Wort schewa - sieben ab.

*Synagoge:* Gebets- und Versammlungshaus der Juden.

*Talmud:* Eine Schriftensammlung, die die Diskussionen der Gelehrtenschulen über die Auslegung der Thora zusammenfaßt. Sie ist nach thematischen Kapiteln geordnet und besteht aus verschiedenen Teilen, die in Hebräisch bzw. Aramäisch geschrieben sind. Es gibt den palästinensischen Talmud, der etwa im 4. Jahrhundert n. d. Z. entstanden ist. Gegen Ende des 5. Jahrhunderts entstand in Babylon eine neue Fassung, die der Babylonische Talmud genannt wird. Diese beiden Werke wurden seither nicht mehr geändert.

*Thora:* Die fünf Bücher Moses.

*Tu-B'schwat:* Neujahr der Bäume wird dieses Fest genannt. Es gehört nicht zu den biblischen Festen, wird allerdings bereits in der Mischna, dem Bibelkommentar aus den ersten Jahrhunderten n. d. Z. erwähnt. Der hebräische Name bezeichnet das Datum, den 15. Schwat, der in der Regel in den Februar fällt. In Israel ist es die Zeit der ersten Obstbaumblüte und vor allem der Mandelbaumblüte, die deshalb auch zum Symbol dieses Festes geworden sind. In Israel werden an diesem Tag junge Bäume gepflanzt.

IGNATZ BUBIS
ICH BIN EIN DEUTSCHER STAATSBÜRGER JÜDISCHEN GLAUBENS
Ein autobiographisches Gespräch mit Edith Kohn

KiWi 313
Originalausgabe

Dieses Buch ist eine autobiographische Bestandsaufnahme, die in Gesprächen mit Edith Kohn entstanden ist. Ignatz Bubis erzählt nicht nur seine Lebensgeschichte. Er spricht auch über das Judentum in Deutschland, sein Verhältnis zu Israel und seine Sehnsucht nach geschichtsbewußter Normalität zwischen jüdischen und nichtjüdischen Deutschen.

KiWi Paperbackreihe bei Kiepenheuer & Witsch

PETER SICHROVSKY
DIE KINDER ABRAHAMS
Israels junge Generation

KiWi 216

Die zahlreichen Interviews, die Peter Sichrovsky mit jungen israelischen Frauen und Männern geführt hat, vermitteln ein faszinierendes, dichtes und überraschendes Bild von einem bekannten-unbekannten Land. Sie geben Auskunft über die Träume, Sehnsüchte, Gefühle und Forderungen einer Generation.

Peter Sichrovsky

Wir wissen nicht was morgen wird, wir wissen wohl was gestern war

Wir – junge Juden in Deutschland und Österreich

KiWi 72

Peter Sichrovsky, geboren 1947, hat dreizehn Gespräche geführt mit Jüdinnen und Juden, die heute in der Bundesrepublik Deutschland und in Österreich leben. Was hat diese Menschen bewogen, in dem Land zu bleiben, in dem ihre Familien verfolgt und vernichtet wurden? Die Protokolle sind erschütternd, sie offenbaren die Zerrissenheit, Sehnsüchte, Heimatlosigkeit und Ängste der Kinder der Überlebenden.

Ekaterina Tomowa
# Die vom Himmel Vergessenen
## Hundertjährige erzählen ihr Leben

Titel der Originalausgabe: *Nesabravenite ot nebeto*
Aus dem Bulgarischen von Annemarie Mara
KiWi 351
Originalausgabe

Gespräche mit hundertjährigen Bulgaren aus dem Rhodopengebirge wurden von der Autorin zu einem kunstvollen literarischen Text verdichtet, voller Humor, Poesie und bewegender Unmittelbarkeit.

*»Die Einsamkeit geht durch die Tür hinaus und kommt durch das Fenster zurück.«* (Daphina)

*»Wenn du die Welt kennst, kann dich das Alter und die Einsamkeit nicht besiegen.«* (Manusch)

*»Ein Häufchen Staub kann nichts erzählen.«* (Griwnia)

*»Schrecklicher als der Krieg ist die Dummheit, sie ist die Geißel Gottes.«* (Tichina)

*»Alles hat er genommen, der verflixte Allmächtige.«* (Suiza)

KiWi Paperbackreihe bei Kiepenheuer & Witsch